浙江大学生（2013—2014）创业观察报告

何向荣　谢　敏／著

清华大学出版社

北京

图书在版编目(CIP)数据

浙江大学生(2013—2014)创业观察报告 / 何向荣，谢敏　著. —北京：清华大学出版社，2015

ISBN 978-7-302-39065-7

Ⅰ. ①浙⋯　Ⅱ. ①何⋯　②谢⋯　Ⅲ. ①大学生—创造教育—研究报告—浙江省—2013—2014

Ⅳ. ①G640

中国版本图书馆 CIP 数据核字(2015)第 017222 号

责任编辑：王燊娉　胡花蕾
封面设计：赵晋锋
版式设计：方加青
责任校对：曹　阳
责任印制：王静怡

出版发行：清华大学出版社
　　　　　网　　　址：http://www.tup.com.cn，http://www.wqbook.com
　　　　　地　　　址：北京清华大学学研大厦 A 座　　　邮　　编：100084
　　　　　社 总 机：010-62770175　　　　　　　　　邮　　购：010-62786544
　　　　　投稿与读者服务：010-62776969，c-service@tup.tsinghua.edu.cn
　　　　　质 量 反 馈：010-62772015，zhiliang@tup.tsinghua.edu.cn
印 装 者：三河市金元印装有限公司
经　　销：全国新华书店
开　　本：185mm×230mm　　　印　张：14.75　　　字　数：246 千字
版　　次：2015 年 3 月第 1 版　　　印　次：2015 年 3 月第 1 次印刷
定　　价：58.00 元

产品编号：063112-01

参与大学生创业指数系列研究的课题组人员主要有：

何向荣　　贺星岳　　邱开金　　金子木

台新民　　王小明　　谢　敏　　王积建

杨哲旗　　李连弟　　万建华　　成荣芬

项光春　　叶丹丹　　刘颖君　　金秀金

邹文平　　汪玉霞　　王英兰　　刘　锋

2012年浙江省软科学课题(2012C35011)

2014年浙江省哲学社科规划课题(14NDJC132YB)

序

  初生企业和新企业代表着社会未来发展的前景,因而,加深对早期创业活动的认识具有非同寻常的意义。了解大学生的创业情况及创业教育情况从某种意义上讲,就是对最有发展前景的创业人才及他们所选择的创业模式的早期了解。为加深对早期创业活动的认识,提升创业教育体系,尽早编制出合适的指数体系,做好大学生早期创业观察势在必行。国家教育部门十分重视对大学生创业及创业教育的推动和研究,教育部的创业教育指导委员会也早就对这一研究有所期待。近期看到浙江工贸职业技术学院先一步完成了这项工作,我们对此表示感谢。

  何向荣教授、谢敏教授选择依据GEM体系进行创业指数的研究,这是一个很好的切入点。GEM是当今世界最大的全球创业研究项目,该项目从1999年起至今已进行了15年,在国际上具有无可比拟的权威性与普及性。之前,我国有很多大学的学者都曾尝试将大学生的创业用指数方式进行分析与表达,但其研究却未被广泛传播与传承,究其原因,一个新的指数体系要得到人们的普遍认可确实是一件不容易的事。清华大学中国创业研究中心作为GEM组织的代表在中国开展了创业指数研究,周期性地发表《全球创业观察中国报告》,浙江工贸职业技术学院的研究团队将这一体系在大学生创业领域进一步体现出来,这是一件值得庆贺的事。

  大学生创业的五大问题(创业态势和特性、创业机会与能力、创业外部环境、创业金融和投资、创业带动就业效应)与创业教育教学的七个问题(创业教育教学课程设置、工学结合、学校内创业环境条件、专业师资队伍的量与质、教育教学理念、创新特色、创业成就)都是我们迫切需要了解的、当今大学生创业及与创业教育相关的基本问题,了解了这些问题才能了解我国大学生创业与创业教育的基本情况。浙江是一个民营企业资源丰富的地域，在这特定地域中，大学生在创业动机、能力、行为以及创业教育教学方面的表现更具有典型性，对浙江大学生创业进行观察，势必为日后大学生创业教育体系提升、合适指数体系的编制提供助力。这一观察仅局限在浙江省范围内显然是不够的，由此，我们殷切期望作为浙江省哲学社会科学规划课题的"对中国大学生2014年创业的观察研究"能够早日完成，并且一直持续下去。

教育部高等学校创业教育指导委员会主任

中南大学党委书记

2014年12月

前　言

　　创业对国家经济增长的贡献不仅表现在经济总量、经济效益的增长上，也表现在改善就业、创造新的就业岗位和推动技术创新上，表现在对国民素质的改善方面。初生企业和新企业的开办预示着社会未来的发展前景，因而，加深对早期创业活动的认识意义重大，其中，对大学生创业动机、能力、行为以及创业教育教学方面的了解更具有典型性。创业教育是联合国教育、科学及文化组织在研讨面向21世纪国际教育发展趋势时提出的一个全新的号召，它赋予了大学教育新的使命——培养创业人才。而浙江是一个民营企业资源丰富的地域，企业家人才众多，企业家精神被广泛传播，可以说，选择浙江省作为大学生创业与创业教育观察地具有非同寻常的意义。

　　"全球创业观察"(Global Entrepreneurship Monitor，GEM)项目是由美国百森商学院、伦敦商学院发起的，它邀请到国际创业领域最优秀的大学研究小组共同参与，旨在研究全球创业活动的态势和变化、创业与经济增长之间的作用机制，发掘国家创业活动的驱动力，以及对国家创业政策作出评估。该项目从1999年起实施，至今已进行了15年，是当今世界最大的全球创业研究项目。目前，参与项目的研究者有三千八百多位，项目所涉地域涵盖了七十多个国家和地区，中国唯一的责任单位系清华大学中国创业研究中心。我们的研究则是基于清华大学中国创业研究中心的《全球创业观察中国报告》进行的，其重点是对浙江省在校大学生创业及相关教育进行观察。

　　创业关乎学生的未来，国家教育部门十分重视对大学生创业及创业教育的推动和研究。我们认为，加深对早期创业活动的认识非常重要，而及早编制出合适的指数体系是搞好这项研究的重要前提。

从研究开发的内容来说，包含如下两部分。

一是大学生创业的基本问题，有五大内容：创业态势和特性、创业机会与能力、创业环境、创业金融和投资、创业带动就业效应。本书套用《全球创业观察中国报告》指数进行描述。

创业态势和特性。通过对创业过程的分解，主要观察创业活动过程的阶段表现，探索创业活动是怎样活跃的问题，描述创业者的特征和创业类型。

创业机会与能力。主要观察创业活动中的机会、创业动机与能力的情况。

创业环境。了解创业环境因素对创业活动起着积极的作用，可促进较多创业机会的产生和创业能力的提升。一旦创业机会和创业能力有效结合，就会产生大量的创业活动，会不断地有新的公司诞生，有新的企业增长点出现，创造大量的就业机会，为社会积累财富，最终促进社会发展与经济增长。环境条件中有一般环境条件与创业环境条件之分，这里重点研究创业的环境条件，即对创业活动产生直接影响的金融支持、政府政策、政府项目支持、教育与培训、研究开发转移效率、商业和专业基础设施、进入壁垒、文化和社会规范等。

创业金融和投资。新创企业的资金来源主要有三种：一是创业者自有资金投入；二是非正式投资(Informal Investment)，主要针对除创业者以外的私人权益投资的情况，包括家庭、朋友以及愿意给创业者投资的陌生人；三是创业资本投资(Venture Capital)。另外，创业者自有资金投入比例、非正式投资者的成分及个人特征分布、预期回报、创业资本投资占比及偏好等都需要观察。

创业带动就业效应。新企业的创立以及经济增长的关系已经成为众多学者和政策制定者关心的问题。由于新技术的使用，规模经济的重要性有所下降；创新节奏的加快以及产品、科技生命周期的缩短，使得创业者与小企业更加受到青睐，因为他们在变化的环境中容易应变。而创业企业对于产生就业岗位数量以及工作的质量都有直接的影响，创造企业的工作岗位数常常用来衡量创业企业带动就业的情况；提供工作岗位的质量，则通过提供给被雇佣者报酬的数目来衡量，其中最常用的是工资水平、福利等。

总体来说，目前学术界已达成广泛共识：创业的活跃程度对就业具有极大的带动作用，但这种带动作用往往要在一段时间之后才能显示出来。此外，机会型创业企业与生存型创业企业在带动就业的作用与形式上也会有所不同，对于这一情况，书中也将进行必要的观察与分析。

二是创业教育教学基本问题，有七大内容：创业教育教学课程设置、工学结合、学校内创业环境条件、专业师资队伍的量与质、教育教学理念、创新特色、创业成就。

创业教育教学课程设置。主要观察关于企业创办、提升创业技能方面课程的完整性，教育面的广度与专业特色教育。评价课程是否体现了创业教育与学校设置专业的相关性，是否有利于在校生选择创业路径或提升学生的创业意愿。

工学结合。主要观察学校教育教学过程中是否重视课程内容的应用环节，是否引进企业等校外成员来指导本校学生创业，是否重视专业的社会化程度，是否面向社会。

学校内创业环境条件。主要观察各院校对于创业教育的硬件配置与文化环境条件。其中，包括场地、资金、产业的关联度，对创业学生的支持政策及构建的文化规范。

专业师资队伍的量与质。主要观察创业学生与专业教师的比例，专业教师进行创业指导的时间，具有企业管理经历且能进行创业教育的教师量，创业学生对教师作用的评价。

教育教学理念。主要观察学校教育理念中是否有以创业为导向的内容，是否经常组织学生参与创业竞赛，是否对创业有成就的学生给予必要的表彰，是否对于热衷创业的教师予以理解与支持。

创新特色。主要观察学校对于机会型创业的支持特色，对高成长型创业企业的政策倾斜，从政策上表现出来的对知识产权的重视程度，对新型创业模式的关注。

创业成就。主要观察是否进行特色教育从而培育出特色创业企业或企业群，是否由于对创业的支持形成较多的知识产权，是否在参与校外各级创业竞赛活动中有较高的得奖率，获得高级别表彰的情况，以及学生对学校创业教育的满意度。

另外，我们在以此指数为基础而进行的调查方式、统计口径等方面将尽量与GEM保持一致；汇总分析着重于对创业教育意义的探讨；指数设计具有开放性，即并不把这次框架作为固定的模式，而是作为发展的模式，让它可以随认识的深刻、形势的变迁而变更或充实相应的内容。

作 者

2014年10月

目　录

第1章 导 论

💡 1.1 主题

　　创业教育是联合国教科文组织在研讨面向21世纪国际教育发展趋势时提出的一个全新的号召，它赋予了大学教育新的使命——培养创业人才。浙江是一个民营企业资源丰富的地域，企业家人才众多，企业家精神被广泛传播，受这一精神鼓舞的大学毕业生又将为浙江省的经济发展注入全新的动力。因此，对大学生创业与创业教育开展研究对浙江经济的持续发展具有非同寻常的意义。这也是我们开展此项研究的直接原因。

　　"全球创业观察"(Global Entrepreneurship Monitor，GEM)项目是由美国百森商学院、伦敦商学院发起的，该项目邀请到国际创业领域最优秀的大学研究小组共同参与，旨在研究全球创业活动的态势和变化、创业与经济增长之间的作用机制，发掘国家创业活动的驱动力，以及对国家创业政策作出评估。该项目起始于1999年，至今已进行了15年，它是当今世界最大的全球创业研究项目。目前，其项目所涉地域涵盖了七十多个国家和地区，在中国，负责研究的单位是清华大学中国创业研究中心。该项目的主要观察指标是创业指数。而我们的研究也正是基于GEM开展的。

　　创业企业的开办预示着社会经济未来的发展，对大学生创业情况的观察是对经济发展趋势最有力的预测。对大学生创业态势的剖析有利于了解大学生创业的活跃程度与方向。清华大学高建、程源、李习保等教授在《全球创业观察中国报告》一书中从整个家国层面对创业态势等作了概括性的研究；陈谷纲等通过问卷数据对大学生创业环境作了部分研究；刘宗让发表了《浙江创业活动活跃度比较分析》等文章，对浙江创业活动活跃度进行了一些分析。本课题组也于2013年在中国社会科学出版社出版了《大学生创业指数研究——基于<全球创业观察中国报告>》(谢敏、王积建、杨哲旗等著)。以上这些论述构建了我们这本《浙江大学生(2013—2014)创业观察报告》的理论基础。

💡 1.2　调查取样工作基本情况

　　我们选取民营企业最活跃的区域——浙江作为研究地域，以浙江省的大学为调查对象，基于GEM项目的理论成果开展研究，依据中国社会科学出版社出版的《大学生创业指数研究——基于〈全球创业观察中国报告〉》一书所确立的关于"大学生创业指数"系统框架与表达脉络进行分析，采取分层分阶段随机抽样方法，从本科院校中抽取16所，高职高专院校中抽取15所，一共31所高校样本；然后再从高校样本中随机抽样得到学生样本3238人、教师样本192人。调查设计4套问卷，其中，创业学生卷设64道题，教师卷设11题，普通学生卷设10道题，学校卷设72道题，研究与报告分12个专题进行，研究时段为2012—2013学年，在预定期限内已全部完成。另外，我们设定了7项评语，它们分别是：大于等于90分为很高(很理想)，小于90至大于等于80为高(理想)，小于80至大于等于65为较高(较理想)，小于65 至大于等于50为中等(一般或尚可)，小于50至大于等于35为较差(不够理想)，小于35至大于等于20为差(不理想)，20分以下为很差。

💡 1.3　基本概念

　　基于GEM理论，从创业活动过程入手开展调查。

1.3.1　对过程的确定

　　对创业活动的整体观察首先需要体现创业的过程化特征，根据GEM理论，把个人创业过程分解为三个阶段，如图1-1所示。

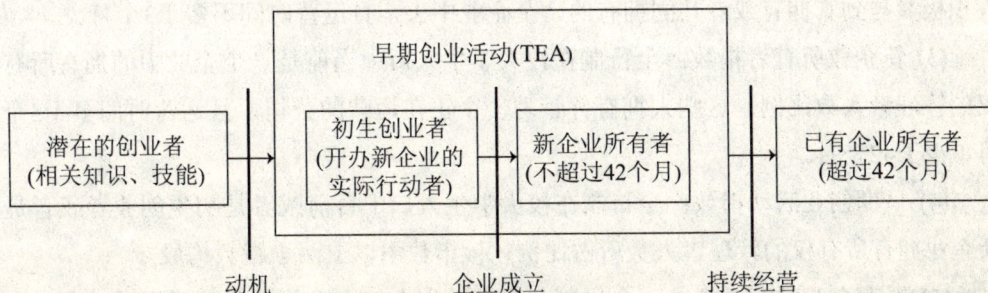

图1-1　个人创业过程的分解

一是潜在的创业阶段，潜在的创业阶段存在潜在的创业者，他们产生了创业动机，并有可能在有机会时产生创业行动；二是产生创业行动后，在创业初期表现出的早期创业活动，这个时期存在企业成立后前三个月的初生创业者和不超过42个月的新企业所有者；三是运营超过42个月的已有企业所有者，这些人已经走上了持续经营之路，已经不再是重点研究对象。不过，成立三年半的企业是不能作为成熟企业来看待的，所以也要关注早期创业之后的创业企业的创业者状况。

从过程上研究创业活动，最基本的工作就是对创业活动从时间意义上进行展开，把创业者从时间上给予定义，由此划定的创业者分为三种类型：潜在的创业者、初生创业者和新企业所有者、已有企业所有者。对于大学生来说，他们一般处于第一与第二阶段，所以，了解重点自然也在这两个阶段。

1.3.2　对创业者基本概念的界定

在GEM的理论框架中，创业者的含义相对宽泛，它指：①被调查者自己或者与他人一起创办企业；②被调查者自己或者与他人一起为雇主开展一项新生意或者建立一个新企业；③被调查者自己或者与他人一起拥有了一家公司并由被调查者负责经营。

作为对大学创业活动整体的了解，应当对基于"全员"或"总体"这一整体成员概念所反映的一个个局部情况进行分类描述，有必要对下面几个最重要的创业活动指标予以定义(鉴于研究对象的特定性，人口的年龄意义已不十分重要，一律可被"全日制在校大学生"概念取代)。

(1) 潜在创业者指数：全日制在校大学生人口中产生了创业动机，并可能在有机会时产生创业行动的人所占比例。

(2) 初生创业指数：全日制在校大学生人口中目前初生创业的人所占比例。这些人积极参与到其拥有或者共同拥有的一个企业中去，且运营时间不多于3个月。

(3) 新企业所有者指数：全日制在校大学生人口中当前是一个企业中的拥有所有权的管理者人数比例。这些人拥有并管理一个正在运营的公司，且运营时间多于3个月、少于42个月。

(4) 早期创业活动指数：全日制在校大学生人口中目前或者是初生创业者或者是新企业拥有所有权的管理者人数所占比例。该指数由以上两个指数构成。

(5) 现有企业所有者指数：全日制在校大学生人口中当前运营时间超过42个月企

业中拥有所有权的管理者人数比例。

(6) 总体创业活动指数：全日制在校大学生人口中目前或是参与早期创业活动或是现有企业拥有所有权的管理者人数所占比例。

创业动机及由此形成的企业被划分为两类，一类是生存动机(指创业者把创业作为其不得不作出的选择，因为其他选择不是没有就是不满意，创业者必须依靠创业为自己的生存和发展谋求出路)，由此导致的创业活动被称为生存型创业；另一类是产生于机会的动机(是指创业者把创业作为其职业生涯的一种选择，看到有比目前工作机会更好的创业机会而选择创业)，由此导致的创业活动被称为机会型创业。

1.3.3　从过程分类的大学生创业活动指标

从过程角度对大学生创业活动进行分类，它所包含的内容可由指数汇总表来表示，主要有6项内容。从过程分类的大学生创业活动指数内容，如表1-1所示。

表1-1　从过程分类的大学生创业活动指数内容

序号	大学生创业活动过程主要指数	含义
1	潜在创业者指数	全日制在校大学生人口中产生了创业动机，并可能在有机会时产生创业行动的人所占比例
2	初生创业者指数	全日制在校大学生人口中目前初生创业的人所占比例。这些人积极参与到其拥有或者共同拥有的一个企业中去，且运营时间不多于3个月
3	新企业所有者指数	全日制在校大学生人口中当前是一个企业中的拥有所有权的管理者人数比例。这些人拥有并管理一个正在运营的公司，且运营时间多于3个月、少于42个月
4	早期创业活动指数	全日制在校大学生人口中目前或者是初生创业者或者是新企业拥有所有权的管理者人数所占比例。该指数由初生创业指数与新企业所有者指数两个指数构成
5	现有企业所有者指数	全日制在校大学生人口中当前运营时间超过42个月企业中拥有所有权的管理者人数比例
6	总体创业活动指数	全日制在校大学生人口中目前或是参与早期创业活动或是现有企业拥有所有权的管理者人数所占比例

上述6个指数系指从时间(过程)角度(亦反映参与创业企业活动的深度)对创业者人数总量进行了分析。其实，第一个指数——潜在创业者指数并不具备显性要件，

因此，它并不能被总体人数包括。

1.4 本年度回答的基本问题

本年度从12个角度(12个指标)进行观察，力求以此来展现大学生创业的基本情况，其内容简述如下。

1.4.1 对大学生创业态势与特性的研究

将大学生创业态势与特性通过指数工具加以研究，有助于进一步认识和揭示大学生创业的本质和发展规律，反映各学校大学生创业的活跃程度与方向。对大学生创业态势与特性从指数上分析，宜在前期从创业存量态势、创业增量态势(创业增量特性)两个方面进行。通过调查分析，得出如下结论。

(1) 创业存量态势：生存型创业企业存量指标极好，调查得分为98，接近于满分；生存型创业企业中大学生创业人数指标极好，调查得分为99，接近于满分；机会型创业企业存量指标差，调查得分为34.5，远低于中值50.0；机会型创业企业中大学生创业人数指标较差，调查得分为48.3，约等于中值50.0。综合来看，浙江省大学生创业态势得分70.0，处于较高水平。

(2) 创业增量态势：人口增量指标极好，调查得分为98，接近于满分；企业增量指标极好，调查得分为99，接近于满分；机会型创业企业增量指标极好，调查得分为98，接近于满分；产值增量指标极差，调查得分为11.6，远低于中值50.0。综合来看，浙江省大学生创业态势增量得分76.7，处于较高水平。

(3) 本科院校与高职高专院校的比较：对于创业人员增加比例，本科院校与高职高专院校没有显著差异；对于创业企业的增加比例，本科院校与高职高专院校没有显著差异；对于创业企业产值增加比例，本科院校显著高于高职高专院校；对于机会型创业企业增加比例，本科院校显著高于高职高专院校。

建议：

因产值增量指标极差，调查得分为11.6，远低于中值50.0，于是，需进一步探讨它的后台原因。初步了解后得知，系大学创业活动周期短(三年或四年学生毕业离校结束学校创业周期)的缘故。

1.4.2　对大学生创业机会和创业能力的调查研究

对大学生创业机会和创业能力的调查研究，结论如下。

(1) 创业机会的全省平均值为63.0，说明浙江省大学生所面对的创业机会处于中等水平。具体来说，全省高校为学生创办新公司所提供的好机会一般，然而较多的人能够把握创办新公司的好机会，创办公司的好机会在过去5年内有一定增长，大学生比较容易把握创业机会，创办真正高成长公司的好机会比较多。

(2) 创业能力的全省平均值为62.5，处于中等水平，说明浙江省比较多的大学生知道如何创办及管理高成长型公司，知道如何创办及管理一家小公司，有创办新公司的经验，能对创办新公司的好机会迅速作出反应，有能力组织创办新公司所需的资源。

(3) 创业动机的全省平均值为58.5，说明浙江省大学生创业动机一般，处于中等水平。有4个项目略低于中值60.0，说明浙江省大学生将成功创业者作为一项希望的职业加以选择的人并不多，对于成功的创业者享有较高的社会地位和受人尊重的认同度不高，在公众媒体中能看见的成功创业的故事也不多，对于创业者是有能力和足智多谋的认同度也不高。但将创业视为一个致富的良好途径的认同度却较高。

(4) 本科院校与高职高专院校比较：在创业机会上，本科院校显著少于高职高专院校；在创业能力上，本科院校与高职高专院校没有显著差异。

建议：

为了增加大学生的创业机会，提高其创业能力，应该增加创办新公司的好机会，增加大学生创办新公司的经验，在公众心目中树立"创业者是有能力的、足智多谋的"这一认识，从而帮助大学生加强实践，积累创业经验。

1.4.3　对大学生创业环境的调查研究

(1) 大学生创业环境调查研究分以下几项指标进行。关于金融支持调查得分为69.1，说明大学生创业资金来源较稳定；关于政府政策调查得分为69.7，说明当地政府在制定政策时优先考虑大学生创业程度较高；对新公司优惠调查得分为70.5，说明当地政府政策一直对新公司实行优惠的力度较大；关于政府项目支持调查综合得分为67.1，说明科技园和企业孵化器给大学生创业提供有效支持的程度较高；关于教育与培训调查得分为74.5，说明大学里设置的关于创业的课程和项目较多；政府的再教育体系调查得分为75.4，说明政府的再教育体系为创业做准备的程度较高；关于开发转移效率调查得分为66.2，说明新技术、新科学和其他知识从高校、研究机构向企业转移的程度较高；支持大学生研究成果商业化调查得分为70.9，说明支持大学生研究成果商业化的程度较高；关于商业和专业基础设施调查得分为70.7，说明分包商、供应商和咨询机构为大学生创业提供帮助的程度较高；调查综合得分为76.9，说明当地有良好的创业基础设施(道路、公用设施、通信等)；关于进入壁垒调查综合得分为74.4，说明大学生创业能够进入新市场的程度较高；反垄断方面的法律执行综合程度调查综合得分为61.6，说明执行效果一般；关于文化和社会规范调查得分为74.5，说明当地提倡自立、自治和个人主动性以及勇于承担责任的程度较高。

(2) 从本科院校与高职高专院校的比较来看：创业资金有充足的来源方面，本科院校显著低于高职高专院校；有足够的分包商、供应商和咨询机构及为大学生创业提供帮助的人数方面，本科院校显著低于高职高专院校；当地鼓励创造和创新方面，本科院校显著低于高职高专院校。于是，得出结论，从创业环境的总体来看，本科院校显著低于高职高专院校。

建议：

从本科院校与高职高专院校的比较来看，创业资金来源、分包商、供应商和咨询机构帮助及地方支持上，本科院校显著小于高职高专院校。本科院校应该重视这一问题，调整社会对学校学生的创业支持。

1.4.4 对大学生创业融资与投资的调查研究

对大学生创业融资与投资的调查研究，分三项指标进行。

(1) 创业自有资本投资综合平均得分为92.9，说明浙江省大学生创业自有资本丰厚。

(2) 创业非正式投资者投资综合得分为96.0，说明大学生非正式投资者投资中，家庭投入占很大比重；调查综合得分为98.0，接近于满分，说明大学生非正式投资者投资中，朋友或邻居投入占很大一部分。

(3) 创业资本投资调查综合得分为66.4，说明大学生创业资本投资中，政府和国外资本投入较高；银行创业投资部投入调查综合得分为73.0，说明大学生创业资本投资中银行创业投资部投入的程度较高；创业投资机构投入调查综合得分为73.4，说明大学生创业资本投资中创业投资机构投入的程度较高；机构投资者投入调查综合得分为78.9，说明大学生创业资本投资中机构投资者投入的程度良好。

建议：

增加政府投资，投资方式设计上依据市场化形式。

1.4.5 对大学生创业带动就业效应的调查研究

对大学生创业带动就业效应的调查研究，结论如下。

(1) 创业企业提供的就业岗位数的平均得分为94.6，说明创业企业提供的就业岗位数很多。

(2) 创业者受教育程度的平均得分为64.6，说明创业者受教育程度一般，处于中等水平。

(3) 创业者年龄平均得分为87.0，说明创业者的年龄处于理想水平。

(4) 创业公司的成长年限的平均得分为73.9，说明公司的成长年限处于较理想水平。

(5) 政府扶持力度平均得分为64.3，说明政府扶持力度处于中等水平。

(6) 创业企业个数平均得分为63.6，说明创业企业个数处于中等水平，但主要集中于顾客服务和商业服务的行业中。

(7) 大学生创业培训程度的平均得分为71.2，说明大学生创业培训程度处于较高水平。

将以上7个二级指标综合，得到浙江省创业带动就业的总分74.1，说明浙江省创业带动就业状况处于较高水平。

建议：

加大省级政府和市级政府的扶持力度，让大学生切实享受地方教育部门的创业扶持政策。

1.4.6 对大学生创业教育课程体系建设的调查与说明

对大学生创业教育课程体系建设的调查与说明，结论如下。

(1) 课程设置中，创业教育课程融入专业教学大纲的计划内容综合得分为80.5，程度较高，情况良好。

(2) 课程设置中，毕业班学生在校期间参加教学大纲安排的创业教育课程学习的人数占毕业班总人数的比例较低，调查综合得分为20.0，需要改进及提升。

(3) 综合来看，创业课程设置的全省平均值为54.9，说明课程设置总体一般，结构需要调整与改进。

建议：

创业课程设置尚需调整与改进。

1.4.7 对创业教育中工学结合状况的调查

对创业教育中工学结合状况的调查，结论如下。

(1) 引进社会资源调查：企业与学校合作订单式培养创业学生数占在校生数调查综合得分是75.6，反映企业与学校合作培养创业学生数占在校生人数比例处于较高水平；兼职创业指导师指导获得学生满意程度调查综合得分是77.8，说明浙江高校兼职创业指导师指导满意程度较高。

(2) 服务社会综合分析结果：浙江高校校外实践课时数占总课时数的比例一般，调查综合得分是50.1，说明校外实践课程设置程度处于中等水平，校外实践课程设置指标尚需提升；浙江高校大学生创业成果转化社会效益程度高，调查综合得分是80.0，说明本项指标处于高水平，创业成果转化社会效益情况良好。

(3) 参加校外实践基地学生人数占全体学生数的比例得分方面，本科院校显著低于高职高专院校。

建议：

急需调整校外实践课程设置，提高学校校外实践课时数占总课时数的比重，改变校外实践课程设置现状。在保持高校校外实习基地数量较多的基础上，提升校外实习基地的利用率。

1.4.8 对内创业环境条件的调查与分析

对内创业环境条件的调查与分析，结论如下。

(1) 校园创业文化综合得分为53.2，说明浙江省高校校园创业文化一般，处于中等偏下的水平；学校创业政策与保障机制综合得分为41.3，说明浙江省高校内创业政策与保障机制情况较差，整体处于较低水平；创业教育与培训综合分析得分为40.0，说明浙江省高校创业教育与培训情况较差，整体处于较低水平；投入有形基础设施综合分析结果综合得分为72.4，说明浙江省高校投入有形基础设施情况较好，整体处于较高水平；相关科研成果转化综合分析结果综合得分为34.0，说明浙江省高校相关科研成果转化情况较差，整体处于很低水平，令人担忧；创业产业关联度综合分析结果得分为58.0，说明浙江省高校创业产业关联度情况处于中等水平。

(2) 本科院校与高职高专院校比较：学校将创业作为比较理想的职业选择人数与在校生比例，本科院校显著低于高职高专院校；学校创业宣传次数与规格占学校总体宣传次数与规格的比例，本科院校显著低于高职高专院校；学校创业专职技术管理人数与在校学生人数的比例，本科院校与高职高专院校没有显著差异。

建议：

增强高校创业氛围，塑造良好的校园创业文化；加强开展高校创业教育专项研究；增加高校校内创业园区面积，拓展高校校外创业基地建设；提升高校科研成果转化率；优化创业产业关联度。

1.4.9　对创业指导师资队伍质与量的分析

对创业指导师资队伍质与量的分析，结论如下。

(1) 指导教师数量调查综合得分是59.5，说明全省高校校内兼职创业师资数量中等，师生比处于一般水平；全省高校校外兼职创业师资数量极高，调查综合得分是100.0，说明师生比处于极高水平。

(2) 专业技术与技能调查综合得分是20.0，说明全省高校中，高级创业师资所占比重很低，符合大学生创业中高级专业技术(或技能)需要的专兼职创业专业教师人数与专兼职创业专业教师人数的比例处于极低水平。

(3) 智力成果转化综合得分为44.0，说明浙江省高校兼职创业指导师智力成果转化较差，处于较低水平，急需改进与提升。

(4) 指导效果与评价调查综合得分是20.0，说明全省高校创业师资辅导团队成功率很低，专兼职创业专业教师辅导成功团队(持续6～42个月)数与在校生人数的比例处于低水平。

建议：

优化高校创业师资结构；迅速改变高校目前创业师资学历层次结构偏低的状

况；尽量提高符合大学生创业专业需要的专兼职创业专业教师人数比例；选派有企业创业(或企业管理)经验的专兼职创业专业教师辅导大学生创业。

扭转高校专兼职创业指导师智力成果转化程度较低的局面；通过高校和专兼职创业、专业教师对接社会企业，获取资金(基金)资助；转化专兼职创业专业教师智力成果项目；提升大学生创业的科技含量。

1.4.10 对大学生创业教育理念的调查研究

对大学生创业教育理念的调查研究，从以下三个方面着手。

(1) 创业教育课程教育。创业课程体系的完整性综合调查得分为95.4，说明创业教育课程体系的完整性指标很好，处于较高水平；创业教育课程的课时指标较差，调查得分为34，低于中值50.0，处于不理想水平。

(2) 创业实践课程。创业计划竞赛指标较好，综合调查得分为76.7，远超过中值50.0，处于较高水平；开展创造发明活动指标较好，调查得分为70.0，超过中值50.0，说明处于较高水平；

(3) 创业成就或行为的支持。对创业学生的表彰指标很好，调查得分为83.8，远超过中值50.0，达到高水平；对支持学生创业的教师的表彰指标很好，调查得分为75.9，超过中值50.0，达到较高水平。

(4) 在创业教育理念指标方面，本科院校与高职高专院校比较：创业教育课程体系的完整性得分，本科院校显著低于高职高专院校；创业教育课程的课时得分，本科院校显著高于高职高专院校；试办小型企业量得分，本科院校与高职高专院校没有显著差异。

建议：

因创业教育课程的课时指标较差，仅得34.0分，建议在课时上提高。另外，创业教育课程体系的完整性方面，本科院校显著低于高职高专院校；而创业教育课程的课时方面，本科院校显著多于高职高专院校，双方都要注意随时调整。

1.4.11 对大学生创新特色的调查研究

对大学生创新特色的调查研究，结论如下。

(1) 对于机会型创业支持特色的全省平均值为79.7，说明全省高校对于机会型创业支持特色较为明显；高成长型创业企业的政策倾斜程度的全省平均值为46.7，说明对高成长型创业企业的政策倾斜程度比较差；政策上表现出来的对知识产权的重视程度的全省平均值为70.2，比较好；对新型创业模式关注的全省平均值为92.9，说明对新型创业模式非常关注。

(2) 创业课程中关于创业商机的独立教学模块数量，本科院校显著少于高职高专院校；开展知识产权的知识教育程度，本科院校与高职高专院校没有显著差异；创业课程中关于创业模式创新的独立教学模块数量，本科院校显著少于高职高专院校。

建议：

加强对高成长型创业企业的政策倾斜；增加本科院校创业课程中关于创业商机的独立教学模块数量；增加本科院校创业课程中关于创业模式创新的独立教学模块数量。

1.4.12　对大学生创业绩效的调查研究

对大学生创业绩效的调查研究，结论如下。

综合来看，财务绩效的全省平均值为97.0，说明浙江省大学生创业财务绩效非常高。非财务绩效的全省平均值为65.1，说明浙江省大学生非财务绩效一般。

建议：

提高大学生创业的非财务绩效，具体体现在：提高顾客忠诚度、提高公司成长性、进一步提高员工承诺度和创业社会效益。

参考文献

[1] 高建，程源，李习保，等. 全球创业观察中国报告(2007)——创业转型与就业效应[M]. 北京：清华大学出版社，2008.

[2] 谢敏，王积建，杨哲旗，等. 大学生创业指数研究——基于《全球创业观察中国报告》[M]. 北京：中国社会科学出版社，2013.

[3] 吕贵兴. 高校创业教育评价指标体系构建研究[J]. 潍坊学院学报，2010(2).

[4] 黄志纯，刘必千. 关于构建高职生创新创业教育评价体系的思考[J]. 教育与职业，2007(10).

[5] 李明章，代吉林. 我国大学创业教育效果评价——基于创业意向及创业胜任力的实证研究[J]. 国家教育行政学院学报，2011(5).

第2章　大学生创业态势观察报告

💡 2.1 主题

观察大学生创业态势就是探讨创业企业活动的活跃度，它是了解大学创业大氛围的基本途径，它反映学校创业活动的强度与方向。

2.1.1 创业的活跃度分析

对创业的活跃度进行分析，主要从创业活动增量及具体的人口增量、企业增量、产值增量及机会型创业企业的角度来入手。

(1) 创业活动增量指数。由前面的讨论我们知道，总体创业活动指数可以较好地反映创业量的问题，但是它反映的只是存量概念，探讨它的变量才能反映它的活跃程度。创业活动增量指数从变量角度通过增量与存量的变化值来表示创业活动程度的概念，它主要可从人口数、企业数、产值数等内容来进行统计，它反映的是一周年时间范围内增量与存量的比值。

(2) 人口增量指数。从参与创业企业人口的关系来说，人口增量指数即以去年参与创业的人口数作为存量基数，将该学校当年拥有的新增创业人员数量与之作比较所构建的指数。作为学校以训练学生为目的，所以它的权重设计为0.6，而以下三项指数均设计为0.2。

(3) 企业增量指数。从参与创业企业的数量来说，企业增量指数即以去年参与创业的企业数作为存量基数，将该学校当年拥有的新增创业企业数量与之作比较所构建的指数。

(4) 产值增量指数。从参与创业企业的产值数量来说，产值增量指数即以去年参与创业的企业的产值数作为存量基数，将该学校当年拥有的新增产值数量与之作比较所构建的指数。

(5) 机会型创业企业增量指数。大学生创业的最终目的是要创办生存型创业与机会型创业实体，而倡导机会型创业实体才是大学的选择。于是，需要有机会型创业企业增量指数(企业个数/学校总人数、创业总人数/学校总人数)来反映创业的活跃度。需要强调的是,机会型创业企业是大学创业发展的导向,是学校之间比较的核心内容。于是,对它的要求就显得很高。

2.1.2 大学生创业活跃度相关概念汇总

大学生创业的活跃度是从学校的层面来进行总体统计的,将大学生创业活动过程中创业活跃度相关概念进行汇总,如表2-1所示。

表2-1 大学生创业活动过程中创业的活跃度相关概念

序号	学生创业的活跃度与创新相关指数	含义
1	创业活动增量指数	创业活动增量指数是从变量角度通过增量与存量的变化值来表示创业活动程度的概念,它主要可从人口数、企业数、产值数等方面来进行统计,它反映的是一周年时间范围内增量与存量的比值
1-1	人口增量指数	从参与创业企业人口的关系来说,以去年参与创业的人口数作为存量基数,将该学校当年拥有的新增创业人员数量与之作比较所构建的指数
1-2	企业增量指数	从参与创业企业的数量来说,以去年参与创业的企业数作为存量基数,将该学校当年拥有的新增创业企业数量与之作比较所构建的指数
1-3	产值增量指数	从参与创业企业的产值数量来说,以去年参与创业的企业的产值数作为存量基数,将该学校当年拥有的新增产值数量与之作比较所构建的指数
2	生存型创业企业存量指数	创业者把创业作为其不得不作出的选择,因为其他选择不是没有就是不满意,创业者必须依靠创业为自己的生存和发展谋求出路,由此形成的企业数量及在企业总量中的比重
3	生存型创业企业增量指数	创业者把创业作为其不得不作出的选择,因为其他选择不是没有就是不满意,创业者必须依靠创业为自己的生存和发展谋求出路,由此形成的企业数量的增量与它的存量的比重
4	机会型创业企业存量指数	创业者把创业作为其职业生涯的一种选择,看到没有比目前工作机会(或单纯只是读书不搞创业)更好的创业机会而选择创业,由此形成的企业数量及在企业总量中的比重
5	机会型创业企业增量指数	创业者把创业作为其职业生涯的一种选择,看到没有比目前工作机会(或单纯只是读书不搞创业)更好的创业机会而选择创业,由此形成的企业数量的增量与它的存量的比重

（续表）

序号	学生创业的活跃度与创新相关指数	含义
6	增长潜力相对指数	从增长潜力角度看，机会型创业企业比生存型创业企业在增长潜力方面是否明显高出很多

💡 2.2　大学生创业态势指标体系

明确了大学生创业态势指标概念或指数内容以后，就要较完整地去表达它的使用领域，并通过对体系的了解去了解大学生创业的态势、状态。

大学生创业态势指标体系可用表2-2表示。

表2-2　大学生创业态势指标体系表

二级指标	权重	问题序号	三级指标	权重	指标内容	指标值	打分方法
创业态势	0.2	1	生存型创业企业存量	0.2	生存型创业企业数量	20	一家计2分，增加一家增计2分，≥10家计20分
					生存型创业企业在人口中的比重	80	每10 000人有一家计10分，增加一家增计10分，≥8家计80分
		2	生存型创业企业中大学生创业人数	0.2	生存型创业企业人数	20	每10人计5分，每增加10人增计5分，≥40人计20分
					生存型创业企业人员在人口中的比重	80	每1000人有1人计20分，增加1人增计20分，≥4人计80分
		3	机会型创业企业存量	0.3	机会型创业企业数量	20	一家计0.5分，增加一家增计0.5分，≥40家计20分
					机会型创业企业在人口中的比重	80	每1000人有1人计15分，每增加1人增计15分，≥6人计80分
		4	机会型创业企业中大学生创业人数	0.3	机会型创业企业人数	20	1人计0.2分，每增加1人增计0.2分，≥100人计20分
					机会型创业企业人数在人口中的比重	80	每1000人有1人计5分，增加1人增计5分，≥16人计80分

(续表)

二级指标	权重	问题序号	三级指标	权重	指标内容	指标值	打分方法
创业增量态势	0.8	5	人口增量	0.25	与上一年度相比,创业人员增加比例	100	在50分的基础上增减,增减1%增减1分,最低0分,最高100分
		6	企业增量	0.25	与上一年度相比,创业企业增加比例	100	在50分的基础上增减,增减1%增减1分,最低0分,最高100分
		7	产值增量	0.25	与上一年度相比,创业企业产值增加比例	100	在80分的基础上增减,增减1%增减1分,最低0分,最高100分
		8	机会型创业企业增量	0.25	与上一年度相比,机会型创业企业增加比例	100	在50分的基础上增减,增减1%增减1分,最低0分,最高100分

💡 2.3 相关提问

2.3.1 主要问题

基于上述指标体系要求,解答以下8个问题。

(1) 生存型创业企业存量。

(2) 生存型创业企业中大学生创业人数。

(3) 机会型创业企业存量。

(4) 机会型创业企业中大学生创业人数。

(5) 与上一年度相比,创业人员增加比例。

(6) 与上一年度相比,创业企业增加比例。

(7) 与上一年度相比,创业企业产值增加比例。

(8) 与上一年度相比,机会型创业企业增加比例。

2.3.2 问题的展开

本课题组设计了相应的提问,其主要内容如下所述。

(1) 学校生存型企业有_____家。

(2) 生存型创业企业中大学生创业人数为_____人。

(3) 学校机会型创业企业有_____家。

(4) 机会型创业企业人数有_____人。

(5) 学校上一年度创业人数为_____人。

(6) 学校上一年度创业企业有_____家。

(7) 学校上一年度创业企业产值_____万元。

(8) 学校上一年度机会型创业企业有_____家。

💡 2.4 调查结果汇总

2.4.1 关于创业态势

创业态势的综合分析结果，如图2-1所示。

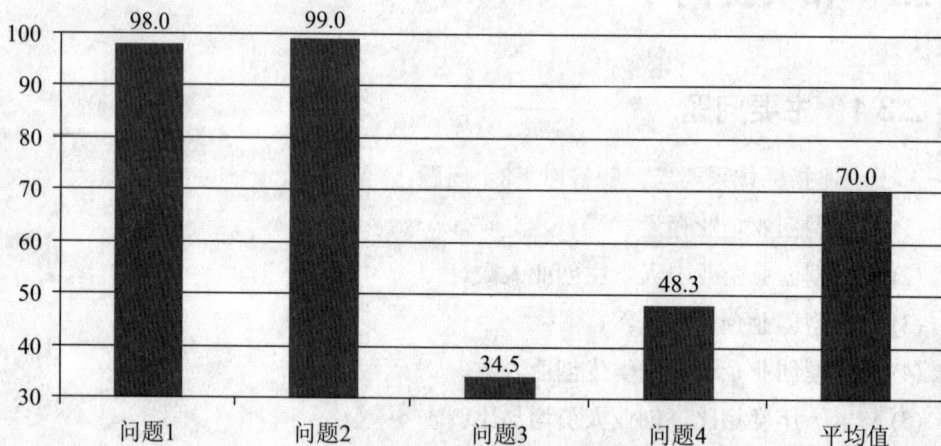

图2-1 创业态势综合分析结果

从图2-1可以得出以下结论。

关于问题1，调查得分为98.0，接近于满分，说明生存型创业企业存量指标极好，处于较高水平。

关于问题2，调查得分为99.0，接近于满分，说明生存型创业企业中大学生创业人数指标极好，处于较高水平。

关于问题3，调查得分为34.5，远低于中值50.0，说明机会型创业企业存量指标很差，处于较差水平。

关于问题4，调查得分为48.3，约等于中值50.0，说明机会型创业企业中大学生创业人数指标较差，处于不及中等的水平。

综合来看，浙江省大学生创业态势得分为70.0，处于较高水平。

2.4.2　关于创业增量态势

创业增量态势综合分析结果，如图2-2所示。

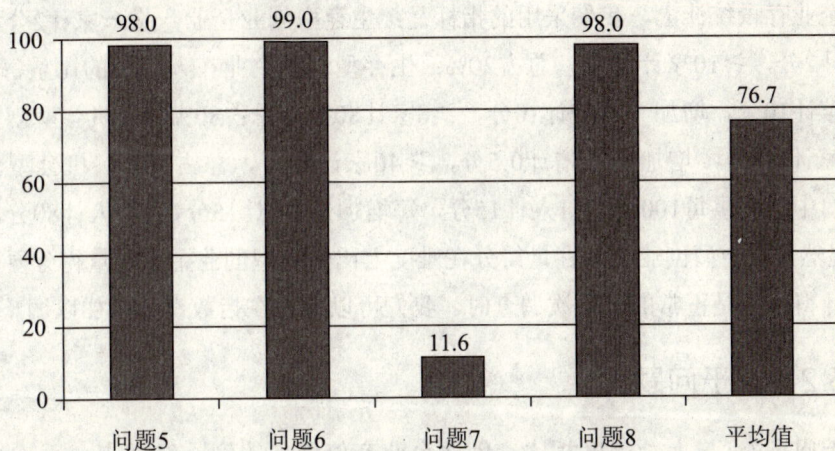

图2-2　创业增量态势综合分析结果

从图2-2可以得出以下结论。

关于问题5，调查得分为98.0，接近于满分，说明人口增量指标极好，处于较高水平。

关于问题6，调查得分为99.0，接近于满分，说明企业增量指标极好，处于较高水平。

关于问题7，调查得分为11.6，远低于中值50.0，说明产值增量指标极差，处于较低水平。

关于问题8，调查得分为98，接近于满分，说明机会型创业企业增量指标极好，处于较高水平。

综合来看，浙江省大学生创业态势增量得分为76.7，处于较高水平。

💡 2.5　调查结果分析与建议

2.5.1　关于问题3

关于问题3，机会型创业企业存量，经调查，平均得分为34.5，远低于中值50.0，说明机会型创业企业存量指标很差，处于较低水平。

事实上，在这个问题上，我们设计的存量统计指标还是有商榷余地的。在生存型创业企业存量统计上，我们采用的指标是：生存型创业企业数量一家计2分，增加一家增计2分，≥10家计20分，总占20%；生存型创业企业在人口中的比重每10 000人有一家计10分，增加一家增计10分，≥8家计80分，总占80%。而机会型创业企业数量一家计0.5分，增加一家增计0.5分，≥40家计20分，总占20%；机会型创业企业在人口中的比重每1000人有1人计15分，每增加1人增计15分，≥6人计80分，总占80%。显然，机会型创业企业存量得分在难度上比生存型创业企业存量得分要高，所以，统计得分低是正常的，下次调查时，我们可以考虑在指数设计上加以调整。

2.5.2　关于问题7

关于问题7，与上一年度相比，创业企业产值增加比例，经调查，平均得分为11.6，远低于中值50.0，说明产值增量指标极差，处于较低水平。

设计"与上一年度相比，创业企业产值增加比例"这一指标旨在了解创业企业的产值增加情况。从调查情况来看，并不理想。其原因主要是我们调查的创业企业是学校内大学生办的创业企业，因学生每年都在毕业，出现的企业都是新的，新的企业与新的企业之产值差距不大是合理的，不能把它与普通企业同等看待。普通企业的产值因企业的壮大不断增加，通常情况下，第二年比上一年都有一个明确的增量。所以，从这个意义上分析，这个指标的数值也许应该调整，使它的表达更为合适。

2.5.3　建议

重视机会型创业企业的发展，包括企业数量与创业企业人数；增加对机会型创业企业的扶持，使它的投入规模(人、场所、资金支持)与产出都能得到好的发展。

参考文献

[1] 谢志远，应云进. 浅谈大学生创业教育[J]. 江苏高教，2003(3).

[2] 高建，程源，李习保，等. 全球创业观察中国报告(2007)——创业转型与就业效应[M]. 北京：清华大学出版社，2008.

[3] 陈谷纲，朱慧，马声. 大学生创业环境评价体系的建立——基于专家问卷数据分析的指标重构[J]. 出国与就业，2010(20).

[4] 刘宗让. 浙江创业活动活跃度比较分析[J]. 商场现代化，2008(10).

第3章　大学生创业机会和创业能力的观察报告

3.1 主题

根据《全球创业观察中国报告》的多年分析，中国在创业技能方面明显处于劣势，所有评分均低于中位数，低于GEM参与国家和地区的平均水平，从而也映射出，面对众多机会人们大多缺少有效把握的能力。因此，我们通过对大学生创业机会、创业能力进行定义、评价与统计分析，揭示浙江省大学生创业机会、创业能力的特征，为浙江省大学生创业指数研究提供支持。

3.1.1 主题选择

大学生有创业热情，但由于经验欠缺、能力不足导致创业成功率偏低。要提高创业成功率，除了社会要能够提供足够的创业机会外，还要求大学生具有发掘创业机会的能力和合理利用创业机会的能力。

3.1.2 大学生创业机会和能力的定义

学术界对创业机会的定义很多。有的学者从广义角度对创业机会进行定义，认为创业机会是可以为购买者或使用者创造或增加价值的产品或服务，它具有吸引力、持久性和适时性；还有的学者从狭义角度定义创业机会，他们认为，创业机会是指可以引入新产品、新服务、新材料和新组织方式，并能以高于成本价出售的情况。

对于创业能力的定义，从机会和资源相融合的视角来看，创业能力主要体现在机会的探索能力和资源的整合利用能力。

创业动机是指引起和维持个体从事创业活动，并使活动朝向某些目标的内部动力。它是鼓励和引导个体为实现创业成功而行动的内在力量。《全球创业观察》将创业动机分为生存型和机会型两类。

💡 3.2　大学生创业创新特色的指标体系

根据《全球创业观察》编制了大学生创业机会和创业能力的指标体系，如表3-1所示。

表3-1　大学生创业机会和创业能力指标体系

二级指标	权重	三级指标	权重	问题序号	指标内容	指标值	打分方法
创业机会	0.4			1	有相当多创办新公司的好机会	100	使用20、40、60、80、100赋值。赋值小，表示该指标的程度或可能性小；反之，赋值大，表示该指标的程度或可能性大
				2	较多的人能够把握创办新公司的好机会	100	同上
				3	创办公司的好机会在过去5年内大量增长	100	同上
				4	个人可以很容易把握创业机会	100	同上
				5	创办真正高成长公司的好机会相当多	100	同上
创业能力	0.6	创业技能	0.7	6	许多人知道如何创办及管理高成长型公司	100	同上
				7	许多人知道如何创办及管理一家小公司	100	同上
				8	许多人有创办新公司的经验	100	同上
				9	许多人能对创办新公司的好机会迅速作出反应	100	同上
				10	许多人有能力组织创办新公司所需的资源	100	同上
		创业动机	0.3	11	创业被视为一个致富的良好途径	100	同上
				12	大多数人将创业作为一项他们希望的职业选择	100	同上
				13	成功的创业者享有较高的社会地位和受人尊重	100	同上
				14	经常能在公众媒体中看见成功创业的故事	100	同上
				15	大多数人认为创业者是有能力的和足智多谋的	100	同上

💡 3.3 相关提问

3.3.1 主要问题

基于上述指标体系，课题组设计了相应问题，具体内容如下所述。

(1) 有相当多创办新公司的好机会；

(2) 较多的人能够把握创办新公司的好机会；

(3) 创办公司的好机会在过去5年内大量增长；

(4) 个人可以很容易把握创业机会；

(5) 创办真正高成长公司的好机会相当多；

(6) 许多人知道如何创办及管理高成长型公司；

(7) 许多人知道如何创办及管理一家小公司；

(8) 许多人有创办新公司的经验；

(9) 许多人对创办新公司的好机会迅速作出反应；

(10) 许多人有能力组织创办新公司所需的资源；

(11) 创业被视为一个致富的良好途径；

(12) 大多数人将创业作为一项他们希望的职业选择；

(13) 成功创业者享有较高的社会地位和受人尊重；

(14) 经常能在公众媒体中看见成功创业的故事；

(15) 大多数人认为创业者是有能力的和足智多谋的。

3.3.2 问题的展开

针对上述15项问题，本课题组设计了相应的提问，具体内容如下所述。

(1) 在我校，有相当多创办新公司的好机会。

☐很同意　☐同意　☐一般　☐不同意　☐很不同意

(2) 在我校，较多的人能够把握创办新公司的好机会。

☐很同意　☐同意　☐一般　☐不同意　☐很不同意

(3) 在我校，创办公司的好机会在过去5年内大量增长。

☐很同意　☐同意　☐一般　☐不同意　☐很不同意

(4) 在我校，个人可以很容易把握创业机会。

□很同意　□同意　□一般　□不同意　□很不同意

(5) 在我校，创办真正高成长公司的好机会相当多。

□很同意　□同意　□一般　□不同意　□很不同意

(6) 在我校，许多人知道如何创办及管理高成长型公司。

□很同意　□同意　□一般　□不同意　□很不同意

(7) 在我校，许多人知道如何创办及管理一家小公司。

□很同意　□同意　□一般　□不同意　□很不同意

(8) 在我校，许多人有创办新公司的经验。

□很同意　□同意　□一般　□不同意　□很不同意

(9) 在我校，许多人对创办新公司的好机会能够迅速作出反应。

□很同意　□同意　□一般　□不同意　□很不同意

(10) 在我校，许多人有能力组织创办新公司所需的资源。

□很同意　□同意　□一般　□不同意　□很不同意

(11) 在我校，创业被视为一个致富的良好途径。

□很同意　□同意　□一般　□不同意　□很不同意

(12) 在我校，大多数人将创业作为一项他们希望的职业选择。

□很同意　□同意　□一般　□不同意　□很不同意

(13) 在我校，成功创业者享有较高的社会地位和受人尊重。

□很同意　□同意　□一般　□不同意　□很不同意

(14) 在我校，经常能在公众媒体中看见成功创业的故事。

□很同意　□同意　□一般　□不同意　□很不同意

(15) 在我校，大多数人认为创业者是有能力的和足智多谋的。

□很同意　□同意　□一般　□不同意　□很不同意

💡 3.4　调查结果汇总

3.4.1　描述分析

以下对创业机会和创业能力的调查结果分别进行描述。

1. 关于创业机会

创业机会调查结果如图3-1所示。

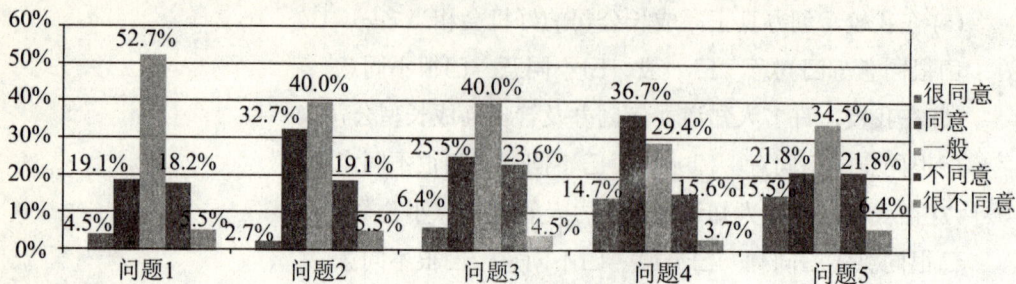

图3-1　创业机会调查结果

将"很同意、同意、一般、不同意、很不同意"按照"100、80、60、40、20"赋值，然后进行加权综合，得到各个问题的得分，以及创业机会的平均值，创业机会综合分析结果，如图3-2所示。

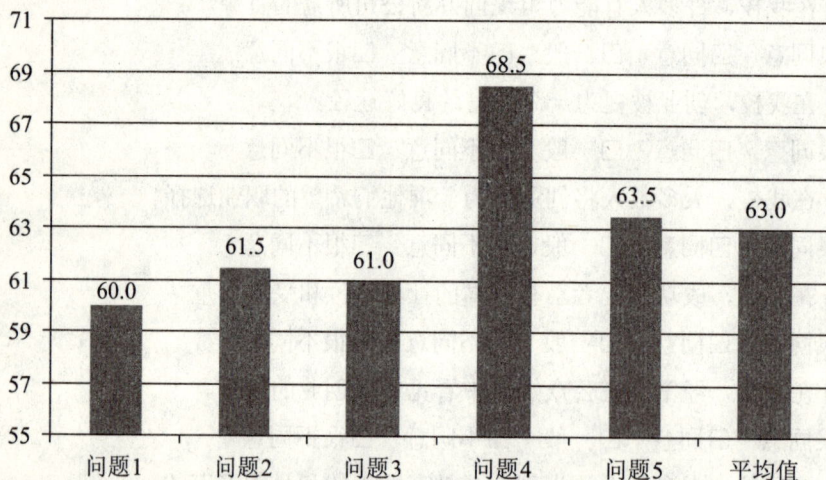

图3-2　创业机会综合分析结果

从图3-1和图3-2可以得出以下结论。

关于问题1，超过半数的学生认为"有相当多创办新公司的好机会"的程度为"一般"，持"同意"及以上观点的同学只有23.6%，持"不同意"及以下观点的同学也有23.7%。选择项概率分布呈对称尖峰状态，说明大学生持"一般"观点的一致性程度很高。加权平均值为60.0，说明全省高校为学生提供的创办新公司的好机会一般，处于中等水平。

关于问题2，40.0%的学生认为"较多的人能够把握创办新公司的好机会"的程度为"一般"，持"同意"及以上观点的同学达到35.4%，持"不同意"及以下观点的同学也有24.6%。选择项概率分布呈右偏非尖峰状态，说明大学生对此观点表现出的态度倾向于"一般、同意"。加权平均值为61.5，说明全省高校较多的人能够把握创办新公司的好机会的程度一般，稍微超过中等水平。

关于问题3，40.0%的学生认为"创办公司的好机会在过去5年内大量增长"的程度为"一般"，持"同意"及以上观点的同学只有31.9%，持"不同意"及以下观点的同学也有28.1%。选择项概率分布呈对称非尖峰状态，说明大学生持"一般"观点的程度较高。加权平均值为61.0，说明全省高校创办公司的好机会在过去5年内大量增长的程度一般，处于中等水平。

关于问题4，29.4%的学生认为"个人可以很容易把握创业机会"的程度为"一般"，持"同意"及以上观点的同学达到51.4%，持"不同意"及以下观点的同学达到19.3%。选择项概率分布呈右偏非尖峰状态，相比于问题2，右偏程度更大，说明大学生的观点倾向于"一般、同意"的程度更大。加权平均值为68.5，说明全省大学生可以很容易把握创业机会的程度较大，处于较高水平。

关于问题5，34.5%的学生认为"创办真正高成长公司的好机会相当多"的程度为"一般"，持"同意"及以上观点的同学只有37.3%，特别是持"很同意"观点的达到15.5%，持"不同意"及以下观点的同学达到28.2%。选择项概率分布呈右偏平峰状态，说明大学生的观点虽然比较分散，但更倾向于"一般、同意、很同意"。加权平均值为63.5，说明全省高校创办真正高成长公司的好机会相当多的程度一般，处于中等水平。

创业机会的全省平均值为63.0，说明浙江省大学生所面对的创业机会处于中等水平。具体来说，全省高校为学生提供的创办新公司的好机会一般，较多的人能够把握创办新公司的好机会、创办公司的好机会在过去5年内有一定增长、大学生比较容易把握创业机会、创办真正高成长公司的好机会比较多。

2. 关于创业能力

面对创业机会，能否有效地把握，这主要取决于创业能力的大小。创业能力包括创业技能和创业动机两个方面。

1) 关于创业技能

创业技能调查结果如图3-3所示。

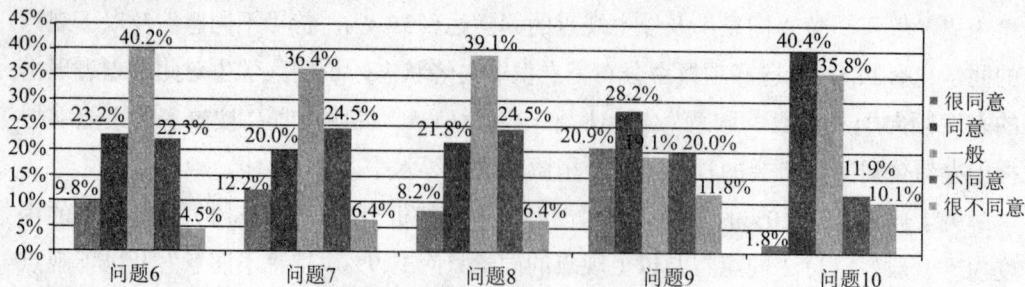

图3-3　创业技能调查结果

将"很同意、同意、一般、不同意、很不同意"按照"100、80、60、40、20"赋值，然后进行加权综合，得到各个问题的平均值，创业能力的综合分析结果，如图3-4所示。

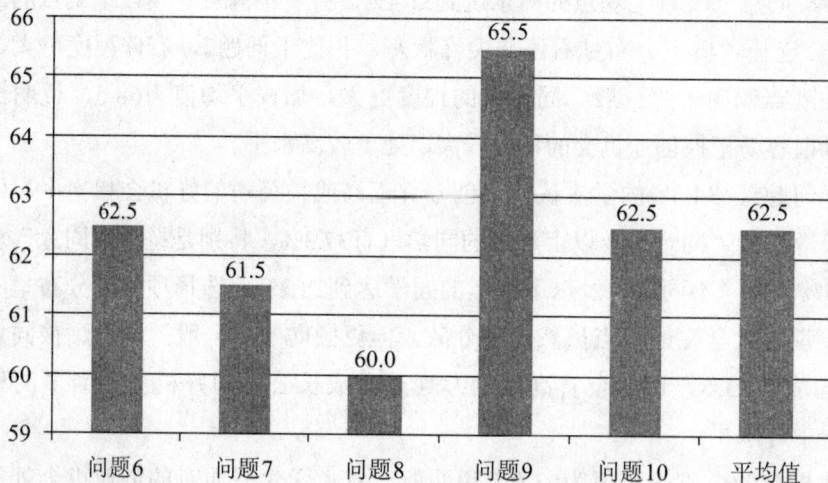

图3-4　创业能力综合分析结果

从图3-3和图3-4可以得出以下结论。

关于问题6，40.2%的学生认为"许多人知道如何创办及管理高成长型公司"的程度"一般"，持"同意"及以上观点的同学只有33.0%，持"不同意"及以下观点的同学也有26.8%。选择项概率分布呈微弱右偏、尖峰状态，说明大学生的观点倾向于"一般、同意"的程度更大。加权平均值为62.5，说明全省高校大学生知道如何创办及管理高成长型公司的程度处于中等水平。

关于问题7，36.4%的学生认为"许多人知道如何创办及管理一家小公司"的程度为"一般"，持"同意"及以上观点的同学达到32.2%，持"不同意"及以下观点的同学也有30.9%。选择项概率分布呈对称非尖峰状态，说明大学生的观点倾向于"一般"的程度更大。加权平均值为61.5，说明全省大学生知道如何创办及管理一家小公司的程度一般，处于中等水平。

关于问题8，39.1%的学生认为"许多人有创办新公司的经验"的程度为"一般"，持"同意"及以上观点的同学只有30.0%，持"不同意"及以下观点的同学也有30.9%。选择项概率分布呈对称尖峰状态，说明大学生的观点倾向于"一般"的程度很大。加权平均值为60.0，说明全省高校大学生有创办新公司经验的程度一般，处于中等水平。

关于问题9，19.1%的学生认为"许多人能对创办新公司的好机会迅速作出反应"的程度为"一般"，持"同意"及以上观点的同学达到49.1%，持"不同意"及以下观点的同学有31.8%。选择项概率分布呈右偏平峰状态，平缓程度很大，接近于均匀分布，说明大学生的观点非常分散，倾向于"同意、很同意"的程度很大。加权平均值为65.5，说明全省大学生能对创办新公司的好机会迅速作出反应的程度较大，处于较高水平。

关于问题10，35.8%的学生认为"许多人有能力组织创办新公司所需的资源"的程度为"一般"，持"同意"及以上观点的同学只有42.2%，持"不同意"及以下观点的同学达到22.0%。选择项概率分布呈右偏尖峰状态，右偏程度和尖峰程度都很大，说明大学生的观点集中倾向于"一般、同意"。加权平均值为62.5，说明全省高校许多大学生有能力组织创办新公司所需的资源的程度一般，处于中等水平。

综合来看，创业能力的全省平均值为62.5，处于中等水平，说明浙江省大多数大学生知道如何创办及管理高成长型公司，知道如何创办及管理一家小公司，有创办新公司的经验，能对创办新公司的好机会迅速作出反应，有能力组织创办新公司所需的资源。

2) 关于创业动机

创业动机调查结果如图3-5所示。

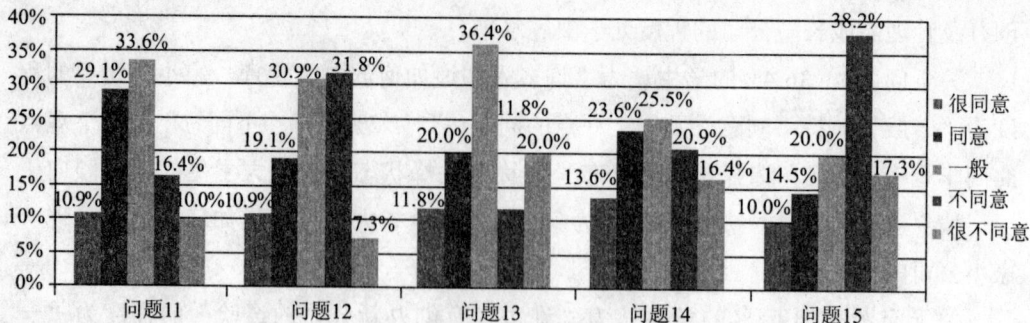

图3-5　创业动机调查结果

将"很同意、同意、一般、不同意、很不同意"按照"100、80、60、40、20"赋值，然后进行加权综合，得到各个问题的平均值，创业动机的综合分析结果，如图3-6所示。

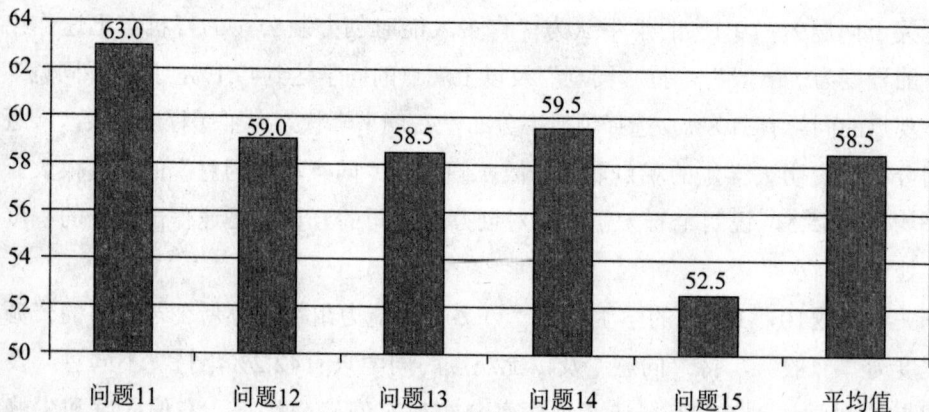

图3-6　创业动机综合分析结果

从图3-5和图3-6可以得出以下结论。

关于问题11，33.6%的学生认为"创业被视为一个致富的良好途径"的程度"一般"，持"同意"及以上观点的同学只有40.0%，持"不同意"及以下观点的同学也有26.4%。选择项概率分布呈右偏非尖峰状态，说明大学生的观点倾向于"一般、同意"的程度较大。加权平均值为63.0，说明全省高校大学生将创业视为一个致富的良好途径的程度一般，处于中等水平。

关于问题12，30.9%的学生认为"大多数人将创业作为一项希望的职业选择"的程度为"一般"，持"同意"及以上观点的同学达到30.0%，持"不同意"及以下观点的同学有39.1%。选择项概率分布呈左偏非尖峰状态，说明大学生的观点倾向于"一般、不同意"的程度较大。加权平均值为59.0，说明全省高校大学生将创业作为一项希望的职业选择的认同度一般，处于中等水平。

关于问题13，36.4%的学生认为"成功的创业者享有较高的社会地位和受人尊重"的程度为"一般"，持"同意"及以上观点的同学只有31.8%，持"不同意"及以下观点的同学也有31.8%。选择项概率分布呈对称非尖峰状态，说明大学生的观点倾向于"一般"的程度较大。加权平均值为58.5，说明全省高校大学生对于成功的创业者享有较高的社会地位和受人尊重的认同度一般，处于中等水平。

关于问题14，25.5%的学生认为"经常能在公众媒体中看见成功创业的故事"的程度为"一般"，持"同意"及以上观点的同学达到37.2%，持"不同意"及以下观点的同学有37.3%。选择项概率分布呈对称平峰状态，说明大学生的观点比较分散，没有一致的看法。加权平均值为59.5，说明全省大学生对于经常能在公众媒体中看见成功创业的故事的认同度一般，处于中等水平。

关于问题15，38.2%的学生"不同意"创业者是有能力的和足智多谋的，比例远大于其他选项。持"不同意"及以下观点的同学达到55.5%，而持"同意"及以上观点的同学只有24.5%。选择项概率分布呈左偏尖峰状态，说明大学生的观点集中倾向于"一般、不同意"。加权平均值仅为52.5，说明全省高校大学生对于创业者有能力和足智多谋的认同度一般，处于中等水平。

综合来看，创业动机的全省平均值为58.5，说明浙江省大学生创业动机一般，处于中等水平。有4个项目略低于中值60.0，说明浙江省大学生将创业作为一项希望的职业选择的人并不多，对于成功的创业者享有较高的社会地位和受人尊重的认同度不高，在公众媒体中能看见成功创业的故事也不多，对于创业者是有能力和足智多谋的认同度也不高。但将创业视为一个致富的良好途径的认同度却较高。

将创业技能和创业动机加权综合，得分61.5，说明浙江省大学生的创业能力一般，处于中等水平。

3.4.2 本科院校与高职高专院校的差异分析

除了对全省大学生的创业机会和创业能力的总体状况进行评估之外，我们还对本科院校与高职高专院校学生的创业机会和创业能力进行了比较分析。

1. 创业机会的差异比较

为了比较本科院校和高职高专院校在创业机会上的差异，设计了三个指标，如表3-2所示。

表3-2　本科院校和高职高专院校的比较指标

创业机会	期望在两年内创办企业的人数比例
	认识在过去两年中创办企业的企业者的人数比例
	认为在随后6个月内存在创办企业的良好机会的人数比例
创业能力	在过去12个月内关闭企业的比例
	认为本人具备创办企业的技能和经验的人数比例
	认为对失败的恐惧会妨碍创业的人数比例

1）创业机会均值估计结果

（1）期望在两年内创办企业的人数比例，本科院校的平均值为36.9%，置信区间为[33.1%，40.7%](置信度95%，下同)；高职高专院校的平均值为27.6%，置信区间为[24.7%，30.4%]。说明浙江省大学生创业人数占总体比例较高，本科生比高职高专学生的比例更高。

（2）认识在过去两年中创办企业的企业者的人数比例，本科院校的平均值为24.6%，置信区间为[21.2%，27.9%]；高职高专院校的平均值为30.8%，置信区间为[27.9%，33.7%]。说明浙江省大学生身边的创业人数普遍较多，所占比例较大，大约占到四分之一，即身边四人中就有一人在创业。而高职高专学生比本科生的比例更高。

（3）认为在随后6个月内存在创办企业的良好机会的人数比例，本科院校的平均值为20.9%，置信区间为[17.7%，24.0%]；高职高专院校为33.7%，置信区间为[30.6%，36.7%]。说明浙江省大学生创业人数占总体比例较高，而本科生比高职高专学生的比例更高。

（4）总体上，本科院校的平均值为27.4%，置信区间为[24.0%，30.9%]；高职高专院校为30.7%，置信区间为[27.7%，33.6%]。

2）创业机会差异显著性检验结果

为进一步推断本科院校与高职高专院校在以上指标上的差异，需要作假设检验。根据检验结果得出以下结论。

（1）对于期望在两年内创办企业的大学生比例，本科院校显著高于高职高专院校。说明本科院校的创业机会相对较多，大学生创业愿望较强烈。

（2）对于认识在过去两年中创办企业的企业者的人数比例，本科院校显著低于高职高专院校。说明高职高专院校大学生周围的创业人数较多，他们周围的创业氛围较浓。

（3）认为在随后6个月内存在创办企业的良好机会的人数比例，本科院校显著低于高职高专院校。说明高职高专院校大学生对于未来半年里的创业机会的期望值较高，对创业前景充满信心。

（4）从总体上来看，在创业机会的数量上，本科院校显著少于高职高专院校。

2. 创业能力的差异比较

为了比较本科院校和高职高专院校在创业能力上的差异，也设计了三个指标，如表3-2所示。

1）创业能力均值估计

（1）在过去12个月内关闭企业的比例。本科院校的平均值为24.8%，置信区间为[21.4%，28.2%]；高职高专院校的平均值为35.2%，置信区间为[32.2%，38.2%]。本科院校和高职高专院校大学生的企业关闭率均比较低，说明不论本科生还是专科生，都能够抓住机会，有能力经营好公司。

（2）认为本人具备创办企业的技能和经验的人数比例。本科院校的平均值为42.4%，置信区间为[38.5%，46.2%]；高职高专院校的平均值为41.5%，置信区间为[38.4%，44.7%]。说明浙江省大学生创业自信心普遍较强，具备创业技能和经验。虽然本科生的比例较高，但相差不大。

（3）认为对失败的恐惧会妨碍创业的人数比例。本科院校的平均值为43.1%，置信区间为[39.2%，46.9%]；高职高专院校为22.9%，置信区间为[20.2%，25.5%]。说明本科生对创业失败的恐惧感更强，而且失败了很有可能就不再创业了；而高职高专学生的耐挫力较强。

（4）总体上，本科院校的平均值为36.7%，置信区间为[33.0%，40.5%]；高职高专院校为33.2%，置信区间为[30.2%，36.2%]。

2）创业能力差异显著性检验结果

为进一步确定本科院校与高职高专院校在创业能力方面的均值显著性，作假设检验，得出以下结论。

(1) 对于在过去12个月内关闭企业的比例，本科院校显著低于高职高专院校。说明本科生的创业能力较强，公司经营的效益较好。

(2) 对于认为本人具备创办企业的技能和经验的人数比例，本科院校与高职高专院校相比，没有显著差异。说明本科生与高职高专学生的创业技能相当，创业经验不相上下。

(3) 对于认为对失败的恐惧会妨碍创业的人数比例，本科院校显著高于高职高专院校。说明高职高专学生对创业失败的承受能力较强，他们不怕风险，不怕失败，即使公司倒闭了，还能鼓足勇气继续创业。

(4) 从总体上来看，在创业能力上，本科院校与高职高专院校没有显著差异。

🔆 3.5 调查结果分析与建议

3.5.1 调查结果分析

关于问题1，其评估值为60.0，表明浙江省大学生创办新公司的好机会一般，处于中等水平，在同类问题中评估值最低。事实上，虽然浙江省民营企业很发达，数量也很多，但大学生创办新公司主要依赖于校内的创业机会，而校内创业机会毕竟有限，主要集中于顾客服务类和商业服务类行业中，诸如快递、电脑、手机、家教等。因此，评估值低是正常的。

关于问题4，其评估值为68.5，表明浙江省大学生能够很容易把握创业机会的程度较大，处于较高水平。事实上，浙江省高校对大学生创业非常重视，也为此采取了一系列举措，如成立了创业学院对大学生进行创业培训，开辟了创业园区为大学生提供场地，还有专门的创业指导教师对学生创业进行指导，等等。在这些举措的帮助下，大学生应该对创业机会能够更好地把握。

关于问题8，其评估值为60.0，表明全省高校大学生有创办新公司经验的程度一般，处于中等水平。事实上，大学生在入学前基本没有创办新公司的经验，在入学后，少数大学生开始创业，但仅仅只有一次或两次的创办新公司的经历，因此，他们创办新公司经验的程度处于中等水平也属正常。

关于问题9，其评估值为65.5，略微处于较高水平，说明全省大学生能对创办新公司的好机会迅速作出反应的程度较大。事实上，受家庭环境、社会氛围的影响，浙江省大学生对于好机会的洞察力和辨识力比较高，因此，面对好机会，能够迅速作出反应的程度也较高。

关于问题11，其评估值为63.0，为同类指标中的最大值。事实上，"创业是一个致富的良好途径"这一认识，在浙江省已获得人们的普遍认可，因为很多人就是通过创业致富的。

关于问题15，其评估值为52.5，为同类指标中的最小值。事实上，社会上的很多创业致富者，诸如炒房团成员，他们的文化水平并不高，这在一定程度上影响了人们的认识，于是受访的大学生将"有能力、足智多谋"与"文化程度"等同起来，这是造成这一指标分数低的原因。

3.5.2　建议

应该增加创办新公司、创业的机会；增加大学生创办新公司的经验；树立"创业者是有能力的、足智多谋的"这一认识，从而加强大学生的创业实践，提高其创业能力。

参考文献

[1] 仇翔，庞鑫培，王柳燕. 大学生创业问题探析[J]. 高教与经济，2008，21(2).

[2] 高惠璇. 应用多元统计分析[M]. 北京：北京大学出版社，2005.

[3] 陈在余，陶应虎. 统计学原理与实务[M]. 北京：清华大学出版社，2009.

[4] 罗志恒. 创业能力与企业绩效间的转化路径实证研究[D]. 长春：吉林大学，2009.

第4章 大学生创业社会环境的
观察报告

💡 4.1 主题

4.1.1 主题选择

创业环境各因素对创业活动起着积极的作用，促进较多创业机会的产生和人们创业能力的提升。一旦创业机会和创业能力有效结合，就会产生大量的创业活动，会不断地有新的公司诞生、有企业新的增长点出现，将出现大量的就业机会，为社会积累更多财富，最终促进社会发展与经济增长。Porter(1980)提出从进入壁垒、现有竞争者的竞争状态、替代产品的威胁、购买者的还价能力、供应商的还价能力5个方面来评价创业环境的体系；Gartner(1995)从人口中近期移民的高比例、较大规模的城市区域、雄厚的工业基础、金融资源的可用性、工业专业化程度5个方面评价创业环境的体系；Fred(2000)从政治和经济环境、转型冲突、不健全的法律环境、政策的不稳定性、非正式的约束、不发达和不规范的金融环境、文化环境7个方面评价创业环境体系。GEM体系通常是从金融支持、政府政策、政府项目支持、教育与培训、研究开发转移、商业和专业基础设施、进入壁垒、有形基础设施、文化与社会规范9个方面来评价创业环境。按照GEM项目的标准，我们重点研究对创业活动产生直接影响的金融支持、政府政策、政府项目支持、教育与培训、研究开发转移效率、商业和专业基础设施、进入壁垒、文化和社会规范8项内容(因有形基础设施并不普及，以它作为大学生创业的指标不是很合适，所以我们只取8项)。在我国，很多学者喜欢借用GEM对我国创业环境进行评价，如周丽(GEM框架下珠三角欠发达城市创业环境研究，2006)、杨晔(长三角创业环境GEM分析及政策建议，2007)、曹明(基于GEM模型的中日创业环境比较研究，2007)等人的研究都与GEM相关。然而，在各种研究中，结合我国实际情况并基于GEM理论对大学生创业环境评价指标进行探讨的研究尚不多见，因此，结合国情基于GEM理论对大学生创业环境评价指标进行探讨，也是本研究的重要意义之一。

4.1.2　大学生创业环境的基本概念

根据上面的要求，这里分析的大学生创业环境是从社会层面展开的，其内容有8项，大学生创业环境评价指标内涵，如表4-1所示。

表4-1　大学生创业环境评价指标内涵

序号	创业环境评价指标	含义
1	金融支持	新企业和成长型企业所需资金来源的可得性
2	政府政策	政府对新企业或成长型企业在政策制定和规制方面的扶持
3	政府项目支持	各级政府对于新企业和成长型企业的具体支持
4	教育与培训	与创业相关的各个层次教育和培训体系
5	研究开发转移效率	研发体系对于创业企业的影响
6	商业和专业基础设施	能够得到基础设施以及价格的可接受性
7	进入壁垒	创业准入门槛、发展障碍
8	文化和社会规范	现有的社会和文化对于创业的鼓励

4.2　大学生创业的社会环境指标体系

上面我们已经对大学生创业的社会环境各指标的基本含义进行了表述，现将其构建为指标体系，如表4-2所示。

表4-2　大学生创业的社会环境指标体系

二级指标	权重	问题序号	三级指标	权重	指标内容	指标值	打分方法
金融支持	0.16	1	大学生创业资金有充足的来源	1	大学生创业所需资金来源的可得性	100	完全肯定，100分；基本肯定，80分；不确定，60分；基本否定，40分；完全否定，20分
政府政策	0.16	2	当地政府在制定政策时优先考虑大学生创业	0.5	政府对大学生创业在政策制定和规划方面的扶持	100	同上
		3	当地政府政策一直对新公司优惠	0.5	政府对新公司在政策制定和规制方面的扶持	100	同上

(续表)

二级指标	权重	问题序号	三级指标	权重	指标内容	指标值	打分方法
政府项目支持	0.2	4	科技园和企业孵化器为大学生创业提供有效支持	1	各级政府对于大学生创业的具体支持	100	完全肯定，100分；基本肯定，80分；不确定，60分；基本否定，40分；完全否定，20分
教育与培训	0.16	5	大学里设置了足够的关于创业的课程和项目	0.5	与大学生创业相关的各个层次教育和培训体系	100	同上
		6	政府的再教育体系为创业做了很好的准备	0.5	政府兴办的创业培训体系	100	同上
研究开发转移效率	0.1	7	新技术、新科学和其他知识迅速从高校、研究机构向企业转移	0.5	研发成果转移效率对于大学生创业的影响	100	同上
		8	有力支持大学生研究成果商业化	0.5	研究成果商业化对于大学生创业的影响	100	同上
商业和专业基础设施	0.1	9	有足够的分包商、供应商和咨询机构为大学生创业提供帮助	0.5	商业机构和咨询机构的数量	100	同上
		10	当地有良好的创业基础设施(道路、公用设施、通信等)	0.5	能够得到基础设施的可接受性	100	同上
进入壁垒	0.06	11	大学生创业能够很容易地进入新市场	0.5	大学生创业准入门槛的高低程度	100	同上
		12	反垄断方面的法律有效且得到有力执行	0.5	反垄断法律执行程度	100	同上
文化和社会规范	0.06	13	当地提倡自立、自治、个人主动性和勇于承担责任	0.5	社会和文化背景对于大学生创业的鼓励程度	100	同上
		14	当地鼓励创造和创新	0.5	社会和文化背景鼓励创造、创新的程度	100	同上

💡 4.3 相关提问

4.3.1 主要问题

基于上述指标体系，课题组设计了相应问题，具体内容如下所述。

(1) 大学生创业资金有充足的来源；

(2) 当地政府在制定政策时优先考虑大学生创业；

(3) 当地政府政策一直对新公司优惠；

(4) 科技园和企业孵化器为大学生创业提供有效支持；

(5) 大学里设置了足够的关于创业的课程和项目；

(6) 政府的再教育体系为创业做了很好的准备；

(7) 新技术、新科学和其他知识迅速从高校、研究机构向企业转移；

(8) 有力支持大学生研究成果商业化；

(9) 有足够的分包商、供应商和咨询机构为大学生创业提供帮助；

(10) 当地有良好的创业基础设施(道路、公用设施、通信等)；

(11) 大学生创业能够很容易地进入新市场；

(12) 反垄断方面的法律有效且得到有力执行；

(13) 当地提倡自立、自治、个人主动性和勇于承担责任；

(14) 当地鼓励创造和创新。

4.3.2 问题的展开

基于上述指标体系，本课题组设计了相应的提问，其具体内容如下所述。

(1) 大学生创业所需资金来源的可得性大。

☐很同意   ☐同意   ☐一般   ☐不同意   ☐很不同意

(2) 政府对大学生创业在政策制定和规划方面的扶持程度高。

☐很同意   ☐同意   ☐一般   ☐不同意   ☐很不同意

(3) 政府对新公司在政策制定和规制方面的扶持程度高。

☐很同意   ☐同意   ☐一般   ☐不同意   ☐很不同意

(4) 各级政府对于大学生创业的具体支持程度高。

☐很同意   ☐同意   ☐一般   ☐不同意   ☐很不同意

(5) 与大学生创业相关的各个层次教育分布合理性好。

□很同意　□同意　□一般　□不同意　□很不同意

(6) 政府举办的创业培训体系完善性好。

□很同意　□同意　□一般　□不同意　□很不同意

(7) 研发成果转移效率对于大学生创业的影响程度高。

□很同意　□同意　□一般　□不同意　□很不同意

(8) 研究成果商业化对于大学生创业的影响程度高。

□很同意　□同意　□一般　□不同意　□很不同意

(9) 商业机构和咨询机构的数量多。

□很同意　□同意　□一般　□不同意　□很不同意

(10) 能够得到基础设施的可接受性大。

□很同意　□同意　□一般　□不同意　□很不同意

(11) 大学生创业准入门槛的高低程度合适。

□很同意　□同意　□一般　□不同意　□很不同意

(12) 反垄断法律执行程度高。

□很同意　□同意　□一般　□不同意　□很不同意

(13) 社会和文化背景对于大学生创业的鼓励程度高。

□很同意　□同意　□一般　□不同意　□很不同意

(14) 社会和文化背景鼓励创造创新的程度高。

□很同意　□同意　□一般　□不同意　□很不同意

4.4　调查结果汇总

以下对调查结果从金融支持、政府政策、政府项目支持、教育与培训、研究开发转移效率、商业和专业基础设施、进入壁垒、文化和商业规范8个方面进行描述。

4.4.1　关于金融支持

关于问题1，调查综合得分为69.1，说明大学生创业资金来源充足。

4.4.2　关于政府政策

关于问题2，调查综合得分为69.7，说明当地政府在制定政策时优先考虑大学生创业程度较高。

关于问题3，调查综合得分为70.5，说明当地政府政策一直对新公司优惠的程度较高。

4.4.3　关于政府项目支持

关于问题4，调查综合得分为67.1，说明科技园和企业孵化器给大学生创业提供有效支持的程度较高。

4.4.4　关于教育与培训

关于问题5，调查综合得分为74.5，说明大学里设置的关于创业的课程和项目较多。

关于问题6，调查综合得分为75.4，说明政府的再教育体系为创业做准备的程度较高。

问题1～问题6的调查结果直方图，如图4-1所示。

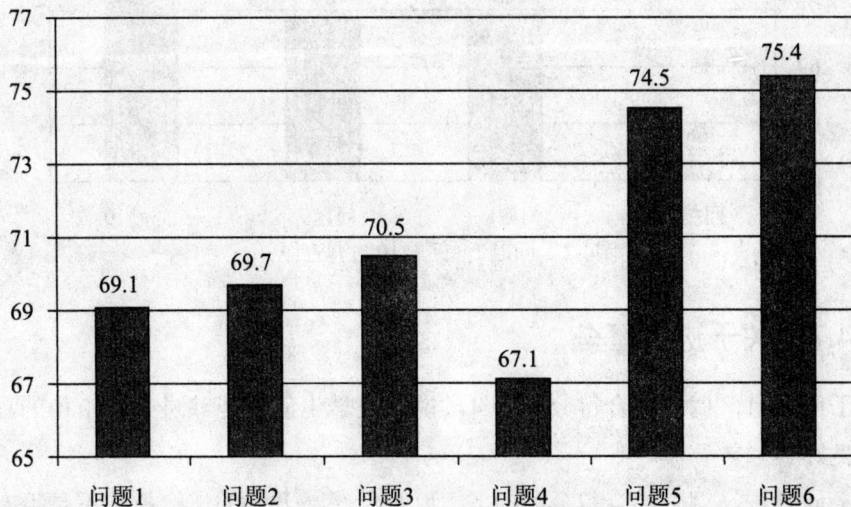

图4-1　问题1～问题6的调查结果

4.4.5　关于研究开发转移效率

关于问题7，调查综合得分为66.2，说明新技术、新科学和其他知识从高校、研究机构向企业转移的程度较高。

关于问题8，调查综合得分为70.9，说明支持大学生研究成果商业化的程度较高。

4.4.6　关于商业和专业基础设施

关于问题9，调查综合得分为70.7，说明分包商、供应商和咨询机构为大学生创业提供帮助的程度较高。

关于问题10，调查综合得分为76.9，说明当地有良好的创业基础设施(道路、公用设施、通信等)。

问题7~问题10的调查结果如图4-2所示。

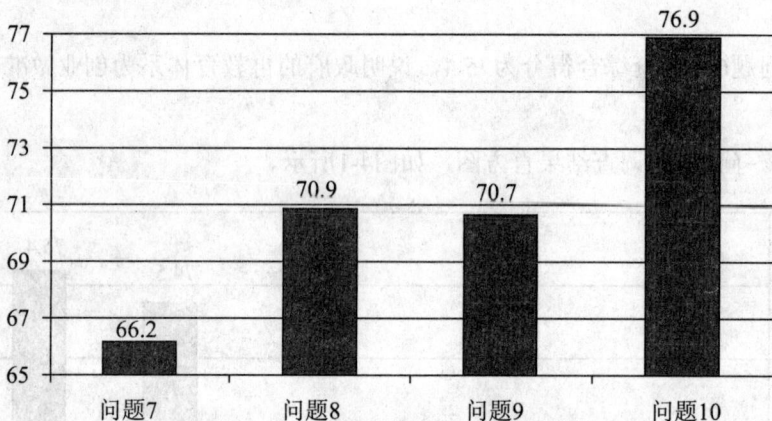

图4-2　问题7~问题10的调查结果

4.4.7　关于进入壁垒

关于问题11，调查综合得分为74.4，说明大学生创业能够进入新市场的程度较高，属良好。

关于问题12，调查综合得分为61.6，说明反垄断方面的法律执行不是很有力，其效果一般。

4.4.8　关于文化和社会规范

关于问题13，调查综合得分为74.5，说明当地提倡自立、自治、个人主动性和勇于承担责任的程度较高。

关于问题14，调查综合得分为76.7，说明当地鼓励创造和创新的程度较高。

问题11～问题14的调查结果如图4-3所示。

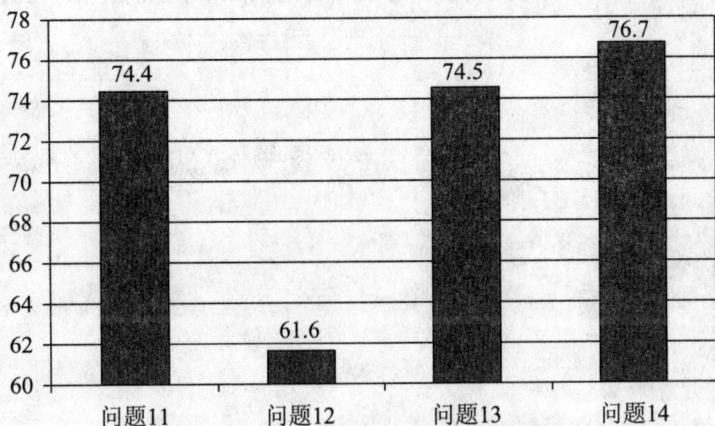

图4-3　问题11～问题14的调查结果

综合来看，创业环境的全省平均值为63.0，超过了中值60.0，说明浙江省大学生所面对的创业机会较多，创业环境较好。

💡 4.5　调查结果分析与建议

从上述调查来看，浙江省从政府与社会方面对于大学生创业给予了一定的支持，它构建了大学生在校期间创业的社会环境。

参考文献

[1] 清华大学创业研究中心. 中国创业活动评述——全球创业观察中国报告要点[J]. 中国人才，2003(8).

[2] 曹明. 基于GEM模型的中日创业环境比较研究[J]. 厦门理工学院学报，2007(2).

[3] 周丽. GEM框架下珠三角欠发达城市创业环境研究——以广东省肇庆市为例[J]. 特区经济，2006(11).

[4] 蔡莉，崔启国，等. 创业环境研究框架[J]. 吉林大学社会科学学报，2007，47(1).

[5] 梁建伟. 大学生专利，总在"沉睡"状态[N]. 钱江晚报，2012-06-26(15).

[6] 周凯. 子女创业，上海安徽家长态度相对消极[N]. 中国青年报，2012-06-11(9).

第5章　大学生创业融资与投资
的观察报告

💡 5.1 主题

5.1.1 主题选择

从大学生创业融资与投资角度进行研究，需要构建相关的指数指标体系，如果将这个体系从大学生资本来源的自有资本投资、非正式投资者投资和创业资本投资三个方面展开，应该更加具有说服力。创业融资是指企业发展的早期或创业阶段的融资方式与融资渠道。该融资过程是一种以资金供求形式表现出来的资源配置过程。创业融资的研究对象是创业企业的融资行为。具体行为包括在一定的融资风险下，如何取得有效资金，同时使融资资金成本最少，使得创业企业的价值最大化。大学生创业者只有解决好了融资问题，才能将自己的技术和创意转化为赢利的工具，才能在激烈的市场竞争中立于不败之地。

创业投资有如下定义：第一，机构组织定义。全美创业投资协会(National Venture Capital Association，NVCA)认为，创业投资是由专业投资者投入到新兴的、迅速发展的、有巨大竞争潜力的企业中的一种股权性资本。欧洲投资银行认为，创业投资是为形成和建立专门从事某种新思想或新技术生产的小型公司进行的股份形式承诺的投资。第二，学者定义。我国学者匡晓明认为，创业投资是由确定多数或不确定多数投资者以集合投资方式设立基金，委托专业性的创业投资管理机构管理和运用基金、资产，主要对未上市创业企业提供权益性资本，并通过资本经营服务直接参与企业创业过程，以期获取企业创业成功后的高资本增值的一种特定类型的投资。第三，官方定义。我国国家发展和改革委员会等十部委联合发布了《创业投资企业管理暂行办法》，其中，第二条："前款所称创业投资，系指向创业企业进行股权投资，以期所投资创业企业发育成熟或相对成熟后主要通过股权转让获得资本增值收益的投资方式。"

5.1.2　大学生创业融资与投资的基本含义

结合以上对创业投资的定义，依据GEM体系的标准，确定大学生创业融资与投资指标的基本含义，如表5-1所示。

表5-1　大学生创业融资与投资指标的基本含义

序号	创业环境评价指标	含义
1	自有资本投资	这主要指的是大学生在创业时，利用自身的各种各样的积蓄，例如长辈给予的、多年的压岁钱积累、父母和亲戚给予的生活费积累、课余各种兼职收入积累、原始创业获利的积累、在校期间各种奖学金和助学金收入、参加各种创业比赛获得的奖金、家庭积蓄等
2	非正式投资者投资	这主要指针对除创业者外的私人权益投资的情况，包括家庭、朋友以及愿意对创业者投资的陌生人投资
3	创业资本投资	创业资本投资是指向主要属于科技型高成长性创业企业进行股权投资，或为其提供管理和咨询服务，以期在被投资企业发展成熟后，通过股权转让获取收益的投资行为
4	自身存款	这是指大学生对父母或亲戚长辈给予的生活费或压岁钱的积累
5	勤工俭学收入积累	这是指大学生平时在校内兼职或校外兼职赚取的收入
6	初始创业获利积累的资金	这是指大学生在进大学以前或在大学期间个人独资或合伙共同创业获利的资金
7	各种奖金积累	这是指大学生在大学期间获得的各种奖学金收入或参加创业比赛的奖金收入
8	家庭投入	这是指大学生的父母或兄弟姐妹对大学生创业的资金投入
9	朋友或邻居投入	这是指大学生的朋友或邻居对大学生创业的资金投入
10	亲戚投入	这是指大学生的远房亲属或近亲亲属对大学生创业的资金投入
11	陌生人投入	这是指对大学生的商业创意感兴趣或不感兴趣的陌生人的投入
12	政府和国外资本投入	这是指政府或国外资本对大学生创业的资金投入
13	银行创业投资部投入	这是指投资银行创业投资部或商业银行创业投资部的投入
14	创业投资机构投入	这主要包括创业投资公司和创业投资管理公司。创业投资公司为非金融性的投资公司，是直接投资于高新技术产业和其他技术创新产业的创业投资机构。创业投资管理公司是为创业投资公司提供相关管理和咨询服务的创业投资机构
15	机构投资者投入	这是指养老基金或保险基金的投入

5.2 大学生创业融资与投资的指标体系

基于上述基本含义及论述要求，编制大学生创业融资与投资指标体系，如表5-2所示。

表5-2 大学生创业融资与投资指标体系

二级指标	权重	问题序号	三级指标	权重	指标内容	指标值	打分方法
自有资本投资	0.2	1	自身存款	0.25	生活费积累	50	每1000人用作投资额度达到1万元计10分，每增加1万元增加10分，以此类推，≥5万元计50分
					压岁钱积累	50	每1000人用作投资额度达到1万元计10分，每增加1万元增加10分，以此类推，≥5万元计50分
		2	勤工俭学收入积累	0.25	校内兼职收入	60	每1000人用作投资额度达到1万元计12分，每增加1万元增加12分，以此类推，≥5万元计60分
					校外兼职收入	40	每1000人用作投资额度达到1万元计8分，每增加1万元增加8分，以此类推，≥5万元计40分
		3	初始创业获利积累的资金	0.25	独资创业获利	60	每1000人用作投资额度达到1万元计12分，每增加1万元增加12分，以此类推，≥5万元计60分
					合伙创业获利	40	每1000人用作投资额度达到1万元计8分，每增加1万元增加8分，以此类推，≥5万元计40分
		4	各种奖金积累	0.25	奖学金收入	50	每1000人用作投资额度达到1万元计10分，每增加1万元增加10分，以此类推，≥5万元计50分
					参加创业比赛奖金收入	50	每1000人用作投资额度达到1万元计10分，每增加1万元增加10分，以此类推，≥5万元计50分

(续表)

二级指标	权重	问题序号	三级指标	权重	指标内容	指标值	打分方法
非正式投资者投资	0.3	5	家庭投入	0.1	父母投入	50	投资额度达到10万元计10分，每增加10万元增加10分，以此类推，≥50万元计50分
					兄弟姐妹投入	50	投资额度达到10万元计10分，每增加10万元增加10分，以此类推，≥50万元计50分
		6	朋友或邻居投入	0.2	朋友投入	50	投资额度达到5万元计10分，每增加5万元增加10分，以此类推，≥25万元计50分
					邻居投入	50	投资额度达到5万元计10分，每增加5万元增加10分，以此类推，≥25万元计50分
		7	亲戚投入	0.2	远房亲属投入	40	投资额度达到1万元计8分，每增加1万元增加8分，以此类推，≥5万元计40分
					近亲亲属投入	60	投资额度达到1万元计12分，每增加1万元增加12分，以此类推，≥5万元计60分
		8	陌生人投入	0.5	对大学生的商业创意感兴趣的陌生人投入	40	投资额度达到10万元计8分，每增加10万元增加8分，以此类推，≥50万元计40分
					对大学生的商业创意不感兴趣的陌生人投入	60	投资额度达到10万元计12分，每增加10万元增加12分，以此类推，≥50万元计60分
创业资本投资	0.5	9	政府和国外资本投入	0.25	政府资本投入	40	投资额度达到10万元计8分，每增加10万元增加8分，以此类推，≥50万元计40
					国外资本投入	60	投资额度达到10万元计12分，每增加10万元增加12分，以此类推，≥50万元计60分

(续表)

二级指标	权重	问题序号	三级指标	权重	指标内容	指标值	打分方法
创业资本投资		10	银行创业投资部投入	0.25	投资银行创业投资部投入	50	投资额度达到10万元计10分，每增加10万元增加10分，以此类推，≥50万元计50分
					商业银行创业投资部投入	50	投资额度达到10万元计10分，每增加10万元增加10分，以此类推，≥50万元计50分
		11	创业投资机构投入	0.25	创业投资公司投入	50	投资额度达到10万元计10分，每增加10万元增加10分，以此类推，≥50万元计50分
					创业投资管理公司投入	50	投资额度达到10万元计10分，每增加10万元增加10分，以此类推，≥50万元计50分
		12	机构投资者投入	0.25	养老基金投入	50	投资额度达到10万元计10分，每增加10万元增加10分，以此类推，≥50万元计50分
					保险基金投入	50	投资额度达到10万元计10分，每增加10万元增加10分，以此类推，≥50万元计50分

💡 5.3 相关提问

5.3.1 主要问题

基于上述指标体系提出以下12个基本问题。

(1) 自身存款；

(2) 勤工俭学收入积累；

(3) 初始创业获利积累的资金；

(4) 各种奖金积累；

(5) 家庭投入；

(6) 朋友或邻居投入；

(7) 亲戚投入；

(8) 陌生人投入；

(9) 政府和国外资本投入；

(10) 银行创业投资部投入；

(11) 创业投资机构投入；

(12) 机构投资者投入。

5.3.2 问题的展开

基于以上问题，本课题组设计了相应的提问，其具体内容如下所述。

(1) 你创业的费用来自生活费积累的有_____万元；

(2) 你创业的费用来自压岁钱积累的有_____万元；

(3) 你创业的费用来自校内兼职收入的有_____万元；

(4) 你创业的费用来自校外兼职收入的有_____万元；

(5) 你创业的费用来自进大学以前创业获利的资金有_____万元；

(6) 你创业的费用来自奖学金和其他奖金的有_____万元；

(7) 你创业的费用来自父母投入的有_____万元；

(8) 你创业的费用来自兄弟姐妹投入的有_____万元；

(9) 你创业的费用来自朋友、同学投入的有_____万元；

(10) 你创业的费用来自亲戚投入的有_____万元；

(11) 你创业的费用来自非亲朋关系投入的有_____万元；

(12) 你创业的费用来自政府资本投入的有_____万元；

(13) 你创业的费用来自银行贷款的有_____万元；

(14) 你创业的费用来自专业投资机构投入的有_____万元；

(15) 你创业的费用来自养老基金投入的有_____万元；

(16) 你创业的费用来自保险和其他基金投入的有_____万元；

(17) 学校全日制在校学生人数_____。

5.4 调查结果汇总

5.4.1 关于创业自有资本投资

创业自有资本投资综合分析结果如图5-1所示。

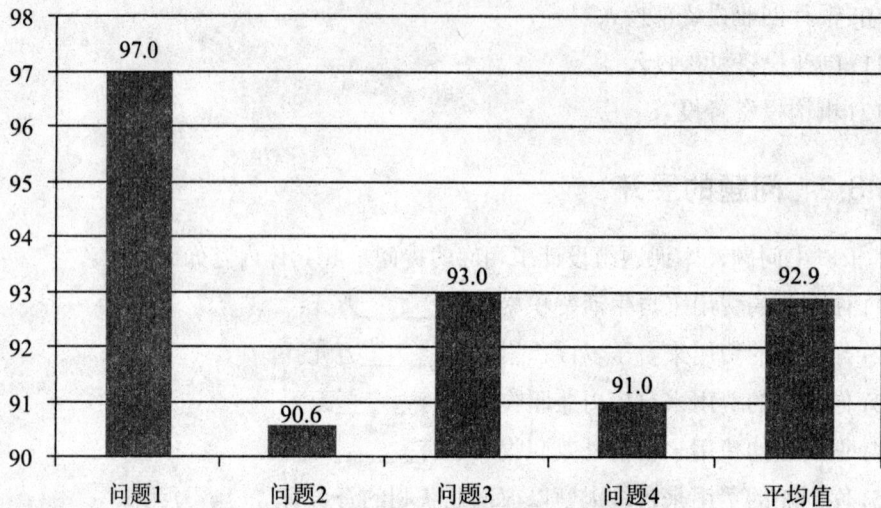

图5-1 创业自有资本投资综合分析结果

从图5-1可以得出以下结论。

关于问题1，调查综合得分为97.0，接近于满分，说明大学生创业资金来源于自身存款的程度很高。

关于问题2，调查综合得分为90.6，说明大学生收入积累大多数来源于勤工俭学。

关于问题3，调查综合得分为93.0，说明大学生初始创业获利积累的资金很丰厚。

关于问题4，调查综合得分为91.0，说明大学生创业自有资本投资主要来源于各种奖金积累。

综合来看，创业自有资本投资综合平均得分为92.9，说明浙江省大学生创业自有资本投资丰厚。

5.4.2　关于非正式投资者投资

创业非正式投资者投资综合分析结果如图5-2所示。

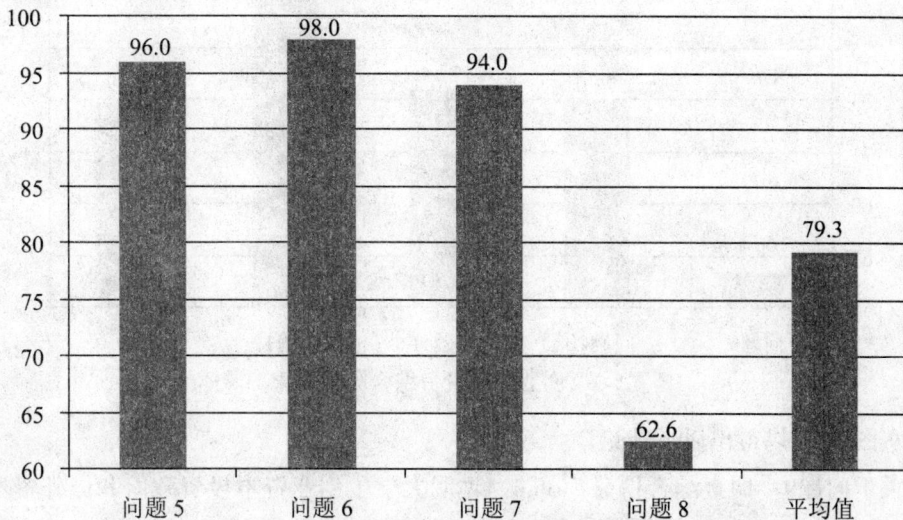

图5-2　创业非正式投资者投资综合分析结果

从图5-2可以得出以下结论。

关于问题5，调查综合得分为96.0，说明大学生非正式投资者投资来源中家庭投入量很大。

关于问题6，调查综合得分为98.0，接近于满分，说明大学生非正式投资者投资来源中朋友或邻居的投入很高。

关于问题7，调查综合得分为94.0，说明大学生非正式投资者投资来源中亲戚投入程度很高。

关于问题8，调查综合得分为62.6，说明大学生非正式投资者投资中只有很少一部分来源于陌生人的投入。

综合来看，创业大学生非正式投资者投资的平均值为79.3，说明浙江省大学生非正式投资者投资的来源较广。

5.4.3　关于创业资本投资

创业资本投资综合分析结果如图5-3所示。

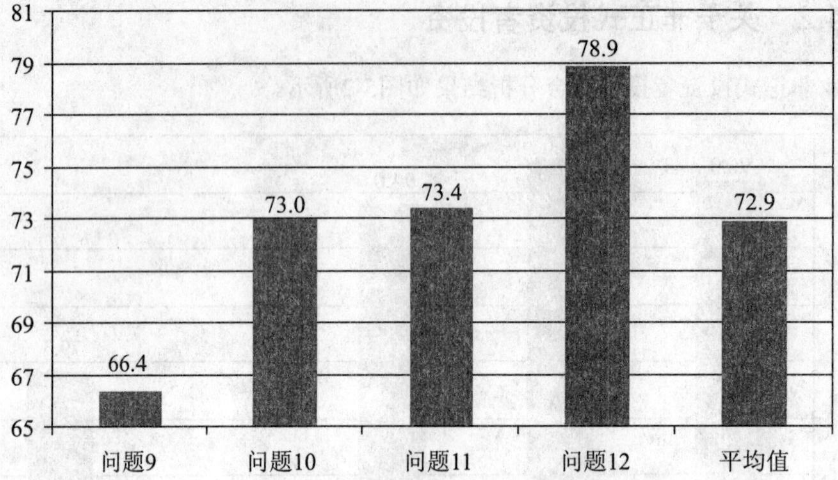

图5-3 创业资本投资综合分析结果

从图5-3可以得出以下结论。

关于问题9，调查综合得分为66.4，说明大学生创业资本投资政府和国外资本投入并不算多。

关于问题10，调查综合得分为73.0，说明大学生创业资本投资中银行创业投资部投入的程度较高。

关于问题11，调查综合得分为73.4，说明大学生创业资本投资中创业投资机构投入的程度较高。

关于问题12，调查综合得分为78.9，说明大学生创业资本投资中机构投资者投入的程度较高。

综合来看，创业大学生创业资本投资的平均值为72.9，说明浙江省大学生创业资本投资程度较高。

5.5 调查结果分析与建议

5.5.1 创业自有资本投资

综合来看，创业自有资本投资综合平均得分为92.9，说明浙江省大学生创业自有资本投资丰厚。其中，自身存款得分为97.0，勤工俭学得分为90.6，初始创业获利积累的资金得分为93.0，各种奖金积累得分为91.0，各项指标得分都很高，难以进行深入比较，这说明指标在设计上有问题，因此，需要将指标整体向下调整。

5.5.2 创业非正式投资者投资

综合来看，创业大学生非正式投资者投资的平均值为79.3，说明浙江省大学生非正式投资者投资的投资来源较广。其中家庭投入较高，得分为96.0，朋友或邻居投入很高，得分为98.0，亲戚投入程度很高，得分为94.0，陌生人的投入程度一般，得分为62.6。前三个都很高，难以进行深入比较，这说明指标在设计上有问题，因此，需要将指标整体向下调整。

5.5.3 创业资本投资

综合来看，创业大学生创业资本投资的平均值为72.9，说明浙江省大学生创业资本投资程度较高。其中政府和国外资本投入并不算多，得分为66.4，银行创业投资部投入的程度较高，得分为73.0，创业投资机构投入的程度较高，得分为73.4，机构投资者投入的程度良好，得分为78.9。

"自有资本投资"与"非正式投资者投资""创业资本投资"体系的调查同时进行，总体分数设计过高情况下，这一项指标的分数值设计也难免偏高。所以，将指标整体向下调整会较为合理。

参考文献

[1] 牛玉全. 融资难成大学生创业路上最大问题[J]. 教育与职业，2009(19).

[2] 徐睿，张海鹰，等. 大学生创业如何预测和筹集资金[J]，商业经济，2009(22).

[3] 童裳辉. 浙江大学生创业的融资分析[J]. 消费导刊，2009(11).

[4] 郭伟威. 大学生创业融资模式研究[D]. 太原：山西财经大学，2010.

[5] 李洪江. 我国创业资本的筹资特征及对策分析[J]. 中国集体经济，2008(04).

第6章　大学生创业带动就业效应的观察报告

💡 6.1 主题

大学生创业是大学生通过自主创办服务项目、企业或从事个体经营实现就业的重要形式。通过创业，大学生在实现自身就业的同时，吸纳带动更多大学生(或其他人员)就业，促进了社会就业人数的增加。当前大学生就业难已成为一个社会问题，促进大学生以创业带动就业，有利于发挥大学生创业的就业倍增效应，对缓解大学生就业压力具有重要的现实意义。浙江省地处我国东南沿海经济发达地带，又是全国民间资本活跃地带，大学生创业氛围浓厚，就业观念开放(不计较就业单位的属性)。本文试图研究、总结大学生创业带动就业效应方面的特征。

6.1.1 主题选择

根据《全球创业观察中国报告》，不同创业者的特性是不同的，创业动机也差异明显。因此，调查大学生创业者的特性对于研究创业带动就业效应具有重要意义。创业者特性包括创业者的类型、年龄、受教育程度、成长年限等，而创业企业所处的行业、提供的就业岗位数，以及政府扶持力度、创业教育普及程度等也是影响创业带动就业的重要因素。

6.1.2 大学生创业带动就业效应的相关指标含义

采集冶炼类企业指采矿业、制造业等企业。移动转移类指交通运输、仓储业和邮政业等。顾客服务类指批发和零售业、住宿餐饮业等。商业服务类指生产和供应业、租赁和商务服务业等。

💡 6.2 大学生创业带动就业效应的指标体系

大学生创业带动就业效应的指标体系如表6-1所示。

表6-1 大学生创业带动就业效应指标体系

二级指标	权重	问题序号	三级指标	权重	指标内容	指标值	打分方法
创业企业提供的就业岗位数	0.2	1	生存型创业企业提供的就业岗位数	0.2	生存型创业企业能够提供的就业岗位平均数	100	A.15个(含)岗位以上；B.8~14个(含)岗位；C.5~8个(含)岗位；D.3~5个(含)岗位；E.2个(含)岗位以下
		2	综合型创业企业提供的就业岗位数	0.3	综合型创业企业能够提供的就业岗位平均数	100	A.15个(含)岗位以上；B.8~14个(含)岗位；C.5~8个(含)岗位；D.3~5个(含)岗位；E.2个(含)岗位以下
		3	机会型创业企业提供的就业岗位数	0.5	机会型创业企业能够提供的就业岗位平均数	100	A.15个(含)岗位以上；B.8~14个(含)岗位；C.5~8个(含)岗位；D.3~5个(含)岗位；E.2个(含)岗位以下
创业者受教育程度	0.2	4	生存型创业者受教育程度	0.2	生存型创业者受教育的学历水平	100	A.硕士研究生以上；B.大学本科；C.高职高专；D.高中、中专；E.初中以下
		5	综合型创业者受教育程度	0.3	综合型创业者受教育的学历水平	100	A.硕士研究生以上；B.大学本科；C.高职高专；D.高中、中专；E.初中以下
		6	机会型创业者受教育程度	0.5	机会型创业者受教育的学历水平	100	A.硕士研究生以上；B.大学本科；C.高职高专；D.高中、中专；E.初中以下
创业者的年龄	0.1	7	生存型创业者年龄	0.2	生存型创业者的平均年龄	100	A.24岁(含)以下；B.24~29岁(含)；C.29~34岁(含)；D.34~39岁(含)；E.40岁(含)以上
		8	综合型创业者年龄	0.3	综合型创业者的平均年龄	100	A.24岁(含)以下；B.24~29岁(含)；C.29~34岁(含)；D.34~39岁(含)；E.40岁(含)以上
		9	机会型创业者年龄	0.5	机会型创业者的平均年龄	100	A.24岁(含)以下；B.24~29岁(含)；C.29~34岁(含)；D.34~39岁(含)；E.40岁(含)以上

(续表)

二级指标	权重	问题序号	三级指标	权重	指标内容	指标值	打分方法
创业公司的成长年限	0.2	10	生存型创业公司的成长年限	0.2	生存型创业公司自成立至今的平均成长年限	100	A.6年（含）以上；B.5年；C.4年；D.1～3年（含）；E.0～1年（含）
		11	综合型创业公司的成长年限	0.3	综合型创业公司自成立至今的平均成长年限	100	A.6年（含）以上；B.5年；C.4年；D.1～3年（含）；E.0～1年（含）
		12	机会型创业公司的成长年限	0.5	机会型创业公司自成立至今的平均成长年限	100	A.6年（含）以上；B.5年；C.4年；D.1～3年（含）；E.0～1年（含）
政府扶持力度	0.1	13	国家级	0.4	国家级政府扶持力度	100	A.支持力度很强；B.支持力度较强；C.支持力度一般；D.支持力度较弱；E.支持力度很弱
		14	省级	0.3	省级政府扶持力度	100	A.支持力度很强；B.支持力度较强；C.支持力度一般；D.支持力度较弱；E.支持力度很弱
		15	市级	0.2	市级政府扶持力度	100	A.支持力度很强；B.支持力度较强；C.支持力度一般；D.支持力度较弱；E.支持力度很弱
		16	本校	0.1	本校扶持力度	100	A.支持力度很强；B.支持力度较强；C.支持力度一般；D.支持力度较弱；E.支持力度很弱
创业企业个数	0.1	17	采集冶炼类	0.1	采集冶炼类创业企业个数	100	A.20个以上；B.15～20个（含）；C.11～15个（含）；D.5～11个（含）；E.5个（含）以下
		18	移动转移类	0.2	移动转移类创业企业个数	100	A.20个以上；B.15～20个（含）；C.11～15个（含）；D.5～11个（含）；E.5个（含）以下
		19	顾客服务类	0.3	顾客服务类创业企业个数	100	A.20个以上；B.15～20个（含）；C.11～15个（含）；D.5～11个（含）；E.5个（含）以下
		20	商业服务类	0.4	商业服务类创业企业个数	100	A.20个以上；B.15～20个（含）；C.11～15个（含）；D.5～11个（含）；E.5个（含）以下

(续表)

二级指标	权重	问题序号	三级指标	权重	指标内容	指标值	打分方法
大学生创业培训程度	0.1	21	学校普及教育培训	0.2	学校创业普及教育培训程度	100	A.参加了整体系统培训；B.参加过半系统培训；C.参与主体内容培训；D.参与培训；E.培训不足
		22	创业学院培训	0.3	创业学院培训程度	100	A.参加了整体系统培训；B.参加过半系统培训；C.参与主体内容培训；D.参与培训；E.培训不足
		23	社会专业机构培训	0.5	社会创业专业机构培训程度	100	A.参加了整体系统培训；B.参加过半系统培训；C.参与主体内容培训；D.参与培训；E.培训不足

说明：评价等级分A、B、C、D、E五级，赋值分别为100分、80分、60分、40分、20分。

6.3 相关提问

6.3.1 主要问题

基于上述指标体系，课题组设计了相应问题，其具体内容如下所述。

(1) 生存型、综合型、机会型创业企业提供的就业岗位数量。

(2) 生存型、综合型、机会型创业企业中，各个学历层次的人员数量。

(3) 生存型、综合型、机会型创业者中，各个年龄段的人员数量。

(4) 生存型、综合型、机会型创业企业中，各个成长年限的企业数量。

(5) 各级政府的扶持力度如何。

(6) 采集冶炼类、移动转移类、顾客服务类、商业服务类创业企业数量。

(7) 学校创业普及教育、创业学院、社会创业专业机构的培训程度如何。

6.3.2 问题的展开

针对上述7项问题，本课题组设计了相应的提问，其具体内容如下所述。

(1) 生存型创业企业提供的就业岗位数有____个。

(2) 综合型创业企业提供的就业岗位数有＿＿＿个。

(3) 机会型创业企业提供的就业岗位数有＿＿＿个。

(4) 生存型创业者中，硕士研究生以上有＿＿＿人；本科有＿＿＿人；高职高专有＿＿＿人；高中、中专有＿＿＿人；初中以下有＿＿＿人。

(5) 综合型创业者中，硕士研究生以上有＿＿＿人；本科有＿＿＿人；高职高专有＿＿＿人；高中、中专有＿＿＿人；初中以下有＿＿＿人。

(6) 机会型创业者中，硕士研究生以上有＿＿＿人；本科有＿＿＿人；高职高专有＿＿＿人；高中、中专有＿＿＿人；初中以下有＿＿＿人。

(7) 生存型创业者，24岁以下有＿＿＿人；25～29岁有＿＿＿人；30～34岁有＿＿＿人；35～39岁有＿＿＿人；40岁以上有＿＿＿人。

(8) 综合型创业者，24岁以下有＿＿＿人；25～29岁有＿＿＿人；30～34岁有＿＿＿人；35～39岁有＿＿＿人；40岁以上有＿＿＿人。

(9) 机会型创业者，24岁以下有＿＿＿人；25～29岁有＿＿＿人；30～34岁有＿＿＿人；35～39岁有＿＿＿人；40岁以上有＿＿＿人。

(10) 生存型创业公司的成长年限，0～1年有＿＿＿个；2～3年有＿＿＿个；4年有＿＿＿个；5年有＿＿＿个；6年以上有＿＿＿个。

(11) 综合型创业公司的成长年限，0～1年有＿＿＿个；2～3年有＿＿＿个；4年有＿＿＿个；5年有＿＿＿个；6年以上有＿＿＿个。

(12) 机会型创业公司的成长年限，0～1年有＿＿＿个；2～3年有＿＿＿个；4年有＿＿＿个；5年有＿＿＿个；6年以上有＿＿＿个。

(13) 国家级政府扶持力度强。

□很同意　□同意　□一般　□不同意　□很不同意

(14) 省级政府扶持力度强。

□很同意　□同意　□一般　□不同意　□很不同意

(15) 市级政府扶持力度强。

□很同意　□同意　□一般　□不同意　□很不同意

(16) 本校扶持力度强。

□很同意　□同意　□一般　□不同意　□很不同意

(17) 采集冶炼类创业企业数有＿＿＿个。

(18) 移动转移类创业企业数有＿＿个。

(19) 顾客服务类创业企业数有＿＿个。

(20) 商业服务类创业企业数有＿＿个。

(21) 学校创业普及教育培训的程度

□参加了整体系统培训 □参加过半系统培训

□参与主体内容培训 □参与培训 □培训不足

(22) 创业学院培训的程度

□参加了整体系统培训 □参加过半系统培训

□参与主体内容培训 □参与培训 □培训不足

(23) 社会创业专业机构培训的程度

□参加了整体系统培训 □参加过半系统培训

□参与主体内容培训 □参与培训 □培训不足

6.4　调查结果汇总

6.4.1　描述分析

1. 关于创业企业提供的就业岗位数

创业企业提供的就业岗位数综合分析结果如图6-1所示。

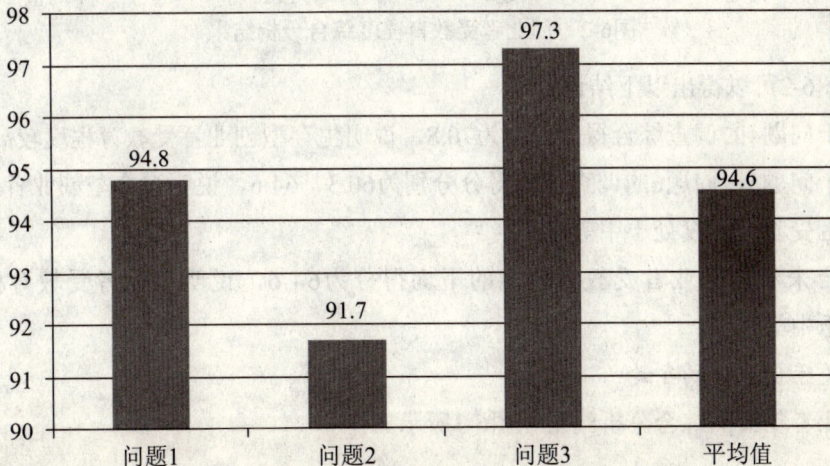

图6-1　创业企业提供的就业岗位数综合分析结果

从图6-1可以得出以下结论。

关于问题1、问题2、问题3的调查综合得分分别为94.8、91.7、97.3，说明生存型创业企业、综合型创业企业、机会型创业企业为大学生提供的就业岗位数很多。

综合来看，创业企业提供的就业岗位数的平均得分为94.6，说明创业企业提供的就业岗位数很多。

2. 关于创业者受教育程度

创业者受教育程度综合分析结果如图6-2所示。

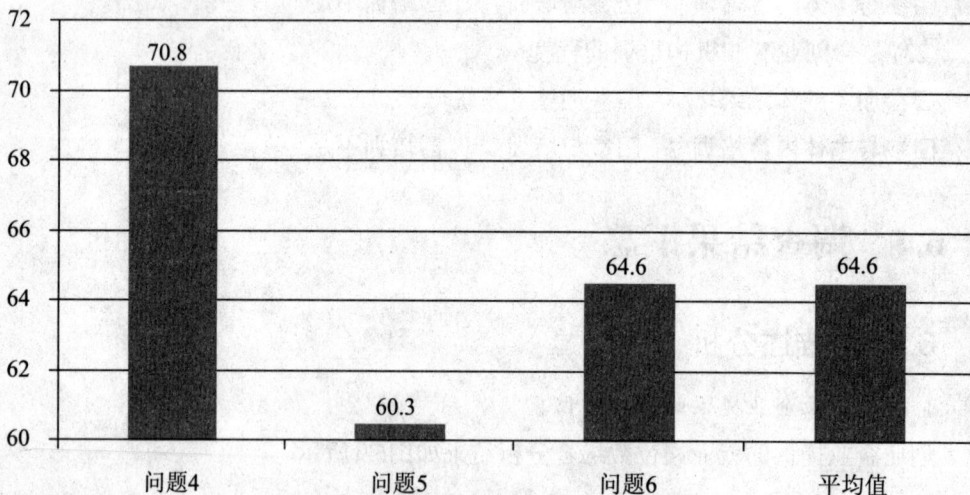

图6-2　创业者受教育程度综合分析结果

从图6-2可以得出以下结论。

关于问题4的调查综合得分分别为70.8，说明生存型创业者受教育程度较高。

关于问题5、问题6的调查综合得分分别为60.3、64.6，说明综合型创业者、机会型创业者受教育程度处于中等水平。

综合来看，创业者受教育程度的平均得分为64.6，说明创业者受教育程度一般，处于中等水平。

3. 关于创业者的年龄

创业者年龄的综合分析结果如图6-3所示。

图6-3 创业者的年龄综合分析结果

从图6-3可以得出以下结论。

关于问题7的调查综合得分为91.1，说明生存型创业者年龄优势处于很理想的水平。

关于问题8、问题9的调查综合得分分别为88.9、84.1，说明综合型创业者、机会型创业者年龄优势处于理想水平。

综合来看，创业者年龄平均得分为87.0，说明创业者的年龄优势处于理想水平。

4. 关于创业公司的成长年限

创业公司的成长年限综合分析结果如图6-4所示。

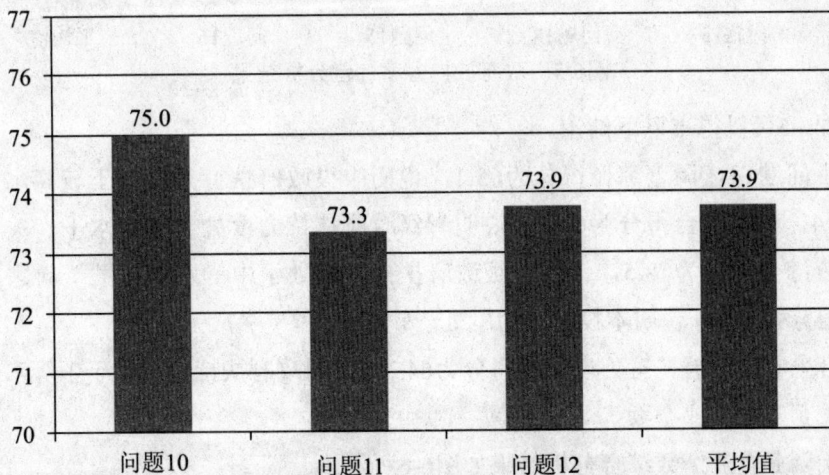

图6-4 创业公司的成长年限综合分析结果

从图6-4可以得出以下结论。

关于问题10、问题11、问题12的调查综合得分分别为75.0、73.3、73.9，说明生存型创业公司、综合型创业公司、机会型创业公司的成长年限处于较理想水平。

综合来看，创业公司的成长年限的平均得分为73.9，处于较理想水平。

5. 关于政府扶持力度

政府扶持力度综合分析结果如图6-5所示。

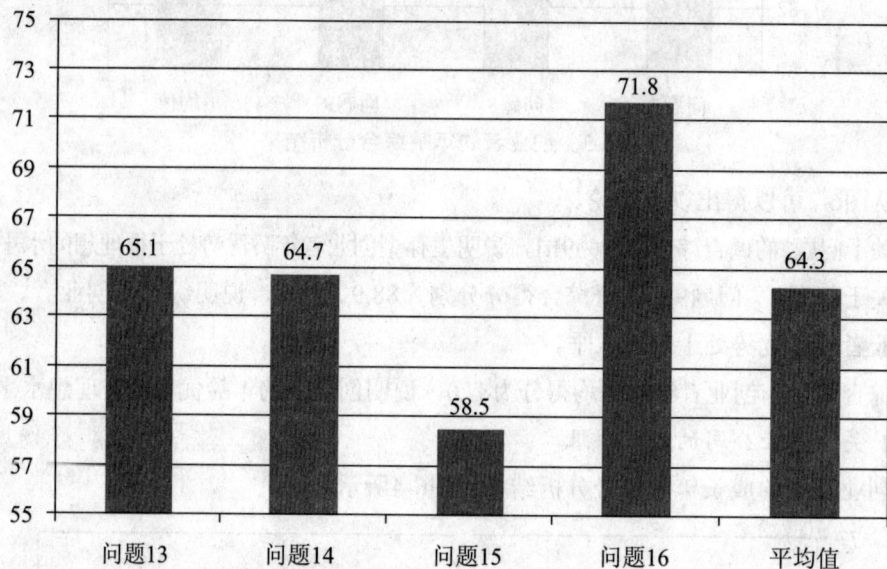

图6-5　政府扶持力度综合分析结果

从图6-5可以得出以下结论。

关于问题13，调查综合得分为65.1，说明中央政府扶持力度处于较高水平；关于问题14，调查综合得分为64.7，说明省级政府扶持力度处于中等水平；关于问题15，调查综合得分为58.5，说明市级政府扶持力度处于中等水平；关于问题16，调查综合得分为71.8，说明本校扶持力度处于较高水平。

综合来看，政府扶持力度平均得分为64.3，说明政府扶持力度处于中等水平。

6. 关于创业企业个数

关于创业企业个数综合分析结果如图6-6所示。

图6-6 创业企业个数综合分析结果

从图6-6可以得出以下结论。

关于问题17,调查综合得分为17.6,说明采集冶炼类创业企业个数较少,处于很差水平;关于问题18,调查综合得分为18.2,说明移动转移类创业企业个数较少,处于很差水平;关于问题19,调查综合得分为60.4,说明顾客服务类创业企业个数较少,处于中等水平;关于问题20,调查综合得分为60.5,说明商业服务类创业企业个数较少,处于中等水平。

综合来看,创业企业个数平均得分为63.6,说明创业企业个数不是很多,处于中等水平,且主要集中于顾客服务和商业服务行业中。

7. 关于大学生创业培训程度

大学生创业培训程度综合分析结果如图6-7所示。

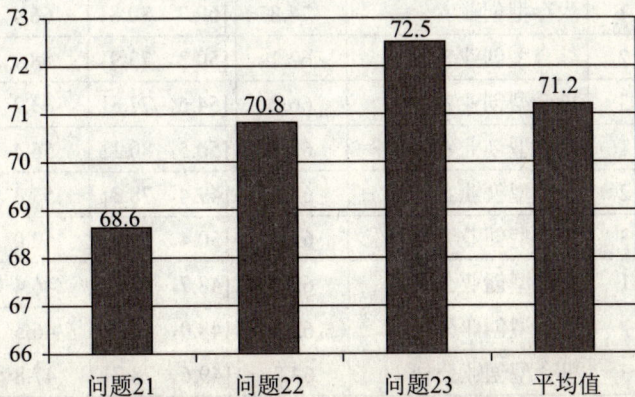

图6-7 大学生创业培训程度综合分析结果

从图6-7可以得出以下结论。

关于问题21、问题22、问题23的调查综合得分分别为68.6、70.8、72.5，说明学校创业普及教育培训、创业学院培训、创业专业机构培训的程度处于较高水平。

综合来看，大学生创业培训程度的平均得分为71.2，说明大学生创业培训程度处于较高水平。

最后，使用加权综合方法，将以上7个二级指标综合，得到浙江省创业带动就业的总得分是74.1分，说明浙江省创业带动就业状况处于较高水平。

6.4.2 本科院校与高职高专院校的差异分析

除了对上述内容进行评估之外，我们还对本科院校与高职高专院校进行了比较分析。

1.各个指标的均值估计

经过分类统计分析，得到各个三级指标上本科院校和高职高专院校的平均值及其置信区间，如表6-2所示。

表6-2 本科院校和高职高专院校的平均值与置信区间

二级指标	问题序号	三级指标	本科院校		高职高专院校	
			平均值	置信区间	平均值	置信区间
创业企业提供的就业岗位数	1	生存型创业企业	72.7	[56.1，89.3]	96.7	[94.4，99.0]
	2	综合型创业企业	73.3	[56.7，89.9]	70.9	[54.3，87.5]
	3	机会型创业企业	74.9	[58.3，91.5]	73.3	[56.7，89.9]
创业者受教育程度	1	生存型创业者	74.8	[68.7，80.8]	66.4	[58.1，74.6]
	2	综合型创业者	62.1	[50.3，73.9]	58.7	[50.0，67.5]
	3	机会型创业者	66.2	[54.6，77.8]	63.3	[59.7，67.0]
创业者的年龄	1	生存型创业者年龄	65.3	[50.5，80.1]	56.4	[44.4，68.5]
	2	综合型创业者年龄	63.8	[49.4，78.3]	53.3	[41.3，65.4]
	3	机会型创业者年龄	65.2	[50.4，79.9]	52.0	[40.0，64.1]
创业公司的成长年限	1	生存型创业公司	62.9	[48.7，77.2]	46.4	[35.9，56.9]
	2	综合型创业公司	62.1	[48.0，76.2]	46.5	[35.9，57.0]
	3	机会型创业公司	64.2	[49.6，78.7]	47.8	[37.0，58.6]

(续表)

二级指标	问题序号	三级指标	本科院校		高职高专院校	
			平均值	置信区间	平均值	置信区间
政府扶持力度	1	国家级	70.2	[65.3，78.6]	73.3	[66.8，79.9]
	2	省级	46.1	[35.5，56.6]	48.1	[37.2，58.9]
	3	市级	46.7	[36.1，57.2]	39.3	[30.4，48.2]
	4	本校	97.2	[95.9，98.5]	76.5	[59.2，93.8]
创业企业个数	1	采集冶炼类	20.0	[15.0，25.0]	48.1	[37.5，58.6]
	2	移动转移类	26.7	[20.6，32.7]	46.7	[36.1，57.2]
	3	顾客服务类	66.7	[51.6，81.8]	60.0	[46.4，73.6]
	4	商业服务类	53.3	[41.3，65.4]	66.7	[51.6，81.8]
大学生创业培训程度	1	学校普及教育	85.5	[72.5，98.6]	71.7	[55.5，88.0]
	2	创业学院培训	93.3	[88.1，98.6]	63.1	[57.0，69.3]
	3	社会专业机构培训	66.7	[51.6，81.8]	64.7	[50.1，79.3]

以创业企业提供的就业岗位数为例，对表6-2作如下解释。

(1) 生存型创业企业提供的就业岗位数的得分值，本科院校的平均值为72.7，高职高专院校的平均值为96.7。给定置信度95%(下同)，分别得到本科院校的置信区间为[56.1，89.3]，高职高专院校的置信区间为[94.4，99.0]。

(2) 综合型创业企业提供的就业岗位数的得分值，本科院校的平均值为73.3，置信区间为[56.7，89.9]；高职高专院校的平均值为70.9，置信区间为[54.3，87.5]。

(3) 机会型创业企业提供的就业岗位数的得分值，本科院校的平均值为74.9，置信区间为[58.3，91.5]；高职高专院校的平均值为73.3，置信区间为[56.7，89.9]。

2. 差异显著性检验结果

为进一步确定本科院校与高职高专院校在以上指标上的均值差异显著性，需要作假设检验，检验结果显著成立的指标如表6-3所示。

表6-3　本科院校与高职高专院校在创业带动就业方面的检验结果

检验指标	原假设	备择假设	P值	检验结果	结论
生存型创业企业提供的就业岗位数	$x_1=x_2$	$x_1\neq x_2$	0.0001	拒绝	$x_1<x_2$
综合型创业者受教育程度	$x_1=x_2$	$x_1\neq x_2$	0.0088	拒绝	$x_1>x_2$
生存型创业公司的成长年限	$x_1=x_2$	$x_1\neq x_2$	0.0312	拒绝	$x_1>x_2$
机会型创业公司的成长年限	$x_1=x_2$	$x_1\neq x_2$	0.0060	拒绝	$x_1>x_2$

(续表)

检验指标	原假设	备择假设	P值	检验结果	结论
本校扶持力度	$x_1=x_2$	$x_1\neq x_2$	0.0008	拒绝	$x_1>x_2$
采集冶炼类创业企业个数	$x_1=x_2$	$x_1\neq x_2$	0.0000	拒绝	$x_1<x_2$
移动转移类创业企业个数	$x_1=x_2$	$x_1\neq x_2$	0.0001	拒绝	$x_1<x_2$
学校对于大学生创业培训程度	$x_1=x_2$	$x_1\neq x_2$	0.0010	拒绝	$x_1>x_2$
创业学院对于大学生创业培训程度	$x_1=x_2$	$x_1\neq x_2$	0.0000	拒绝	$x_1>x_2$

注：(1)x_1表示本科院校指标均值，x_2表示高职高专院校指标均值。(2)未列入表6-3的指标均为检验不显著的指标。

从表6-3可以得出以下结论。

(1) 对于生存型创业企业提供的就业岗位数，本科院校显著少于高职高专院校。

(2) 对于综合型创业者受教育程度，本科院校显著高于高职高专院校。

(3) 对于生存型创业公司的成长年限，本科院校显著多于高职高专院校。

(4) 对于机会型创业公司的成长年限，本科院校显著多于高职高专院校。

(5) 对于本校扶持力度，本科院校显著大于高职高专院校。

(6) 对于采集冶炼类创业企业个数，本科院校显著少于高职高专院校。

(7) 对于移动转移类创业企业个数，本科院校显著少于高职高专院校。

(8) 对于学校对大学生创业培训程度，本科院校显著高于高职高专院校。

(9) 对于创业学院对大学生创业培训程度，本科院校显著高于高职高专院校。

在其余指标上，本科院校与高职高专院校没有显著差异。

6.5 调查结果分析与建议

6.5.1 调查结果分析

关于问题3的调查，综合得分为97.3，是同类指标中的最大值，这是因为大学生的学费、生活费已经有了保障，创业不是为了生存，而是为了锻炼和赢利。

关于机会型创业者受教育程度，平均得分为64.6，处于中等水平，即本科和大专水平，这是与实际相吻合的。但生存型创业者受教育程度偏高，与综合型创业者、机会型创业者受教育程度不一致，这是不对的。事实上，这三类创业者的受教育程度应该处于同一水平。

关于问题7的调查综合得分为91.1，说明生存型创业者年龄优势处于很理想水平，与选择项"24岁以下"相吻合。但综合型创业者、机会型创业者的年龄优势偏低，这是不符合实际的。

关于政府扶持力度，中央政府和本校的扶持力度处于较高水平，而省级政府和市级政府的扶持力度处于中等水平，这说明大学生切实享受到了教育部和本校的创业政策扶持；地方教育部门的政策不到位，这也是符合实际的。

关于问题17～20，采集冶炼类、移动转移类创业企业个数少，处于很低水平；而顾客服务类、商业服务类创业企业个数不是很多，处于中等水平，说明大学生创业企业主要集中于顾客服务和商业服务行业，这也是符合实际的。

关于问题21～23，学校创业普及教育培训、创业学院培训、创业专业机构培训的程度均处于较高水平，这些都体现了学校对于大学生创业教育的培训力度，是符合实际的。

6.5.2 建议

加强省级政府和市级政府对大学生创业的扶持力度，让大学生切实享受地方教育部门的创业政策扶持。

参考文献

[1] 辜胜阻，洪群联. 对大学生以创业带动就业的思考[J]. 教育研究，2010(5).

[2] 高建明，胡永青. 高校深化大学生创业带动就业的对策研究[J]. 中国大学生就业，2013，(6).

[3] 陈微微，王 波，施祺方. 构建高校毕业生创业带动就业机制[J]. 高等农业教育，2010(5).

[4] 金秀兰，敖亚新. 关于完善大学生以创业带动就业的机制研究[J]. 沈阳工程学院学报(社会科学版)，2012，(1).

[5] 刘运山. 大学生创业带动就业的科学教育观体系探析[J]. 湖北社会科学，2010(10).

[6] 刘运山，刘丽荣. 大学生创业带动就业教育的核心价值观探析[J]. 理论界，2010(11).

第7章　大学生创业教育课程体系
　　　　　建设的观察报告

💡 7.1　主题

大学生的创业教育课程是创业教育体系中的核心部分，是落实创业教育活动的主要载体和工具，是创业教育目标得以实现的基本保障，同时，也是评价创业教育体系的一个重要指标。我国高校自2002年起实施试点创业教育以来，高校创业教育初具规模，但与西方发达国家相比还有较大差距，尤其在创业教育课程体系建设方面，还相对滞后。教育部《关于大力推进高等学校创新创业教育和大学生自主创业工作的意见》(教办[2010]3号)指出：要把创新创业教育有效纳入专业教育和文化素质教育教学计划和学分体系，建立多层次、立体化的创新创业教育课程体系。

7.1.1　主题选择

创业教育课程是创业教育体系中的核心，如何考核大学生创业与创业教育课程，分析它们之间的关系，成为大学生创业探索的内容。观察学校在创业课程设置、课程内容、课程实施方法和手段、授课师资队伍建设、课程实施的实践条件、课程实施效果6个方面的建设情况，是分析一个学校创业教育课程的主要手段，观察创业教育课程是探讨大学生创业教育的要点。

7.1.2　大学生创业教育课程相关指标含义及重要概念汇总

在GEM的体系里，我们给出的大学生创业教育课程的主要指标与含义如表7-1所示。

表7-1　创业教育课程的主要指标与含义

指标	指标含义
创业课程设置	创业课程与专业融入度、创业课程占总课程的比重、学生参与度、实践课与理论课的比重、校内外课程比例

(续表)

指标	指标含义
创业课程内容	创业课程选择、校内外实践内容、教材选用、考核内容
创业课程实施方法和手段	创业教学设计、教学方法、教学手段及教学环境
创业授课师资队伍建设	创业课程主讲教师资质、校内外专兼职教师结构及工作量
创业课程实施的实践条件	创业课程实施校内实训与校外实训条件
创业课程实施效果	学生与社会对创业课程实施情况满意度的评价、学生创业情况及意愿强烈程度

创业教育课程讨论过程中的4个重要概念如表7-2所示。

表7-2　创业教育课程讨论过程中的4个重要概念

概念	含义
课程融入度	创业教育课程融入专业教学大纲的内容的程度
校外创业实践	学生参加校外创业实践类活动与选择校外活动机会等
学生参与度	毕业班学生在校期间参加创业教育课程学习的人数占毕业班总人数的比重
校外教师工作量	企业、行业兼职教师承担课程的课时量占总课时量的比例

💡 7.2　大学生创业教育课程体系建设的指标体系

大学生创业教育课程体系建设的指标体系如表7-3所示。

表7-3　大学生创业教育课程体系建设的指标体系

二级指标	权重	问题序号	三级指标	权重	指标内容	指标值	评分方法
课程设置	0.1	1	课程与专业融入度	0.2	创业教育课程融入专业教学大纲的计划内容的程度	100	A.以必修课体现；B.以选修课体现；C.以就业课体现；D.以讲座报告体现；E.没有体现
		2	课程的比重	0.2	创业课程课时占专业总课时的比例	100	A.2%(含)以上；B.1.5%~2%(含)；C.1%~1.5%(含)；D.0.5%~1%(含)；E.0.5%以下

(续表)

二级指标	权重	问题序号	三级指标	权重	指标内容	指标值	评分方法
课程设置		3	学生参与度	0.2	毕业班学生在校期间参加教学大纲安排的创业教育课程学习的人数占毕业班总人数的比例	100	A.90%(含)以上； B.90%～80%(含)； C.80%～70%(含)； D.70%～60%(含)； E.60%以下
		4	理论实践课程比例	0.2	创业理论课程与实践课程的比例	100	A.1:0.9以上(含)； B.1:0.9～0.7(含)； C.1:0.7～0.5(含)； D.1:0.5～0.3(含)； E.1:0.3以下
		5	校内外课程的比例	0.2	创业校内课程与校外课程的比例	100	A.1:0.9以上(含)； B.1:0.9～0.7(含)； C.1:0.7～0.5(含)； D.1:0.5～0.3(含)； E.1:0.3以下
课程内容	0.3	6	内容选择	0.4	创业教育课程内容适用、全面，涉及创业意识培养类课程、创业品质培养类课程、创业理论知识类课程、创业实践能力培养类课程等	100	内容全面的程度从大到小分别为：A、B、C、D、E
		7	校内实践	0.25	学生参加校内创业实践类活动多，选择余地大。如校内社团活动、创业计划大赛、创业创新科研平台、大学生创业孵化平台等	100	校内创业实践类活动多、选择余地大的可能性从大到小分别为：A、B、C、D、E
		8	校外实践	0.15	学生参加校外创业实践类活动多，选择余地大，如校外勤工俭学机会、工学结合机会、参与校外活动机会等	100	校外创业实践类活动多、选择余地大的可能性从大到小分别为：A、B、C、D、E
		9	教材选用	0.1	创业课程教材选用合适	100	教材适用性强的可能性从大到小分别为：A、B、C、D、E

(续表)

二级指标	权重	问题序号	三级指标	权重	指标内容	指标值	评分方法
课程内容		10	考核方式	0.1	创业课程考核方式灵活，过程考核和结果考核相结合，考核结果能充分体现学生的学习成效	100	考核结果能充分体现学生学习成效的可能性从大到小分别为：A、B、C、D、E
课程实施方法和手段	0.2	11	教学设计	0.32	创业课程教学设计合理、思路清晰	100	教学设计合理、思路清晰的可能性从大到小分别为：A、B、C、D、E
		12	教学方法	0.24	创业课程教学方法多样，能综合运用案例教学、分组讨论、角色扮演、实地考察等教学方法，使教学具有实效性	100	教学方法多样，教学效果好的可能性从大到小分别为：A、B、C、D、E
		13	教学手段	0.24	充分运用现代教育技术、网络技术等教学手段，提高学生学习积极性	100	教学手段先进，学生学习兴趣高的可能性从大到小分别为：A、B、C、D、E
		14	教学环境	0.2	校内创业宣传氛围及大学生创业专门网站建设等创业教育环境	100	教学环境好的可能性从大到小分别为：A、B、C、D、E
授课师资队伍建设	0.2	15	主讲教师	0.5	主讲教师的师德和教学能力、行业和企业工作经验、创业经验等	100	主讲教师评价高的可能性从大到小分别为：A、B、C、D、E
		16	专兼职教师结构	0.1	创业教育专兼职教师比例	100	A.1:0.9以上(含)；B.1:0.9~0.7(含)；C.1:0.7~0.5(含)；D.1:0.5~0.3(含)；E.1:0.3以下
		17	兼职教师结构	0.2	来自行业企业的兼职教师与校内兼职教师的比例	100	A.1:0.3以下；B.1:0.5~0.3(含)；C.1:0.7~0.5(含)；D.1:0.9~0.7(含)；E.1:0.9以上(含)

(续表)

二级指标	权重	问题序号	三级指标	权重	指标内容	指标值	评分方法
授课师资队伍建设		18	校外教师工作量	0.2	行业企业兼职教师承担课程的课时量占总课时量的比例	100	A.50%及以上； B.50%～40%(含)； C.40%～30%(含)； D.30%～20%(含)； E. 20%以下
课程实施的实践条件	0.1	19	校内实训条件	0.6	校内创业实训条件情况	100	校内实训条件很好的可能性从大到小分别为：A、B、C、D、E
		20	校外实习环境	0.4	校外创业实训条件情况	100	校外实训条件很好的可能性从大到小分别为：A、B、C、D、E
课程实施效果	0.1	21	学生满意度评价	0.2	学生对创业教育的满意度	100	学生满意度评价高的可能性从大到小分别为：A、B、C、D、E
		22	社会满意度评价	0.2	用人单位对毕业一年的毕业生的满意度	100	用人单位满意度评价好的可能性从大到小分别为：A、B、C、D、E
		23	在校生创业情况	0.2	毕业班学生自主创业人数占毕业生总人数的比例	100	A.高于全省同类高校在校大学生自主创业率平均值1%及以上；B.等于全省同类高校在校大学生自主创业率平均值；C.低于全省同类高校在校大学生自主创业率平均值至0.5%(含)；D.低于全省同类高校在校大学生自主创业率平均值0.5%～1%；E.低于全省同类高校在校大学生自主创业率平均值1%(含)以上
		24	学生创业意愿	0.4	学生毕业5年内打算自主创业的意愿程度	100	意愿强的可能性从大到小分别为：A、B、C、D、E

7.3　相关提问

7.3.1　主要问题

基于上述指标体系，设计了24项问题，如下所述。

(1) 课程与专业融入度；

(2) 课程的比重；

(3) 学生参与度；

(4) 理论实践课程比例；

(5) 校内外课程比例；

(6) 内容选择；

(7) 校内实践；

(8) 校外实践；

(9) 教材选用；

(10) 考核方式；

(11) 教学设计；

(12) 教学方法；

(13) 教学手段；

(14) 教学环境；

(15) 主讲教师；

(16) 专兼职教师结构；

(17) 兼职教师结构；

(18) 校外教师工作量；

(19) 校内实训条件；

(20) 校外实习环境；

(21) 学生满意度评价；

(22) 社会满意度评价；

(23) 在校生创业情况；

(24) 学生创业意愿。

7.3.2　问题的展开

针对上述24项问题，本课题组设计了24个相应的提问，其具体内容如下所述。

(1) 创业教育课程融入专业的教学大纲计划内容。

□很同意　□同意　□一般　□不同意　□很不同意

(2) 创业教育课程内容适用和全面程度高(涉及创业意识培养类课程、创业品质培养类课程、创业理论知识类课程、创业实践能力培养类课程等)。

□很同意　□同意　□一般　□不同意　□很不同意

(3) 您参加校外创业实践类活动多(如校外勤工俭学机会、工学结合机会、参与校外活动机会等)。

□很同意　□同意　□一般　□不同意　□很不同意

(4) 学校创业课程教材选用合适。

□很同意　□同意　□一般　□不同意　□很不同意

(5) 学校创业课程考核方式灵活，过程考核和结果考核相结合，考核结果能充分体现学生的学习成效。

□很同意　□同意　□一般　□不同意　□很不同意

(6) 学校创业课程教学设计合理、思路清晰。

□很同意　□同意　□一般　□不同意　□很不同意

(7) 您校创业课程教学方法多样，能综合运用案例教学、分组讨论、角色扮演、实地考察等教学方法，使教学具有实效性。

□很同意　□同意　□一般　□不同意　□很不同意

(8) 您认为大学生创业指导教师运用现代教育技术、网络技术等教学手段情况多。

□很同意　□同意　□一般　□不同意　□很不同意

(9) 您学校内部创业宣传氛围及大学生创业专门网站建设等创业教育环境好。

□很同意　□同意　□一般　□不同意　□很不同意

(10) 主讲教师的师德高尚，教学能力、行业和企业工作经验、创业经验等情况都很好。

□很同意　□同意　□一般　□不同意　□很不同意

(11) 您对学校内部创业实训条件感到满意。

□很同意　□同意　□一般　□不同意　□很不同意

(12) 您对校外创业实训条件感到满意。

□很同意　□同意　□一般　□不同意　□很不同意

(13) 您对创业教育的满意程度高。

□很同意　□同意　□一般　□不同意　□很不同意

(14) 您在毕业5年内打算自主创业的意愿强。

□很同意　□同意　□一般　□不同意　□很不同意

(15) 您是否认同学生参加校内创业实践类活动(如校内社团活动、创业计划大赛、创业创新科研平台、大学生创业孵化平台等)。

□很同意　□同意　□一般　□不同意　□很不同意

(16) 学校全年专业总课时数_____节，创业总课时数_____节。

(17) 学校全年毕业生总人数_____，参加创业教育人数占总人数的比例为_____%。

(18) 创业实践课时数_____节。

(19) 校外创业实践课时数_____节。

(20) 学校专兼职创业指导教师各有_____人。

(21) 校外兼职创业指导教师_____人。

(22) 行业企业兼职教师承担课时数_____节。

(23) 用人单位对毕业一年的学生的满意度是_____%。

(24) 学校全年毕业生总人数_____，其中，自主创业学生有_____人。

7.4　调查结果汇总

7.4.1　关于课程设置

课程设置的综合分析结果如图7-1所示。

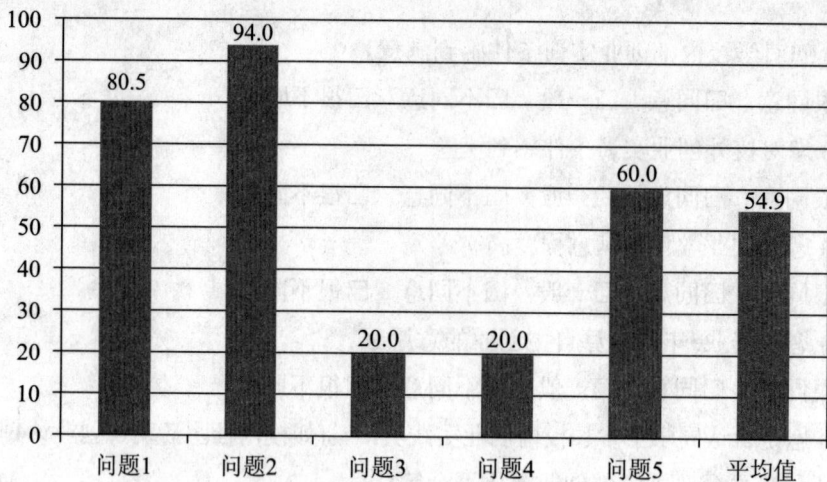

图7-1 课程设置的综合分析结果

从图7-1可以得出以下结论。

关于问题1，调查综合得分为80.5，说明课程设置中创业教育课程融入专业教学大纲的计划内容的程度高，情况良好。

关于问题2，调查综合得分为94.0，说明课程设置中创业课程课时占专业总课时的比例很高，应予以适当调整。

关于问题3，调查综合得分为20.0，说明课程设置中毕业班学生在校期间参加教学大纲安排的创业教育课程学习的人数占毕业班总人数的比例低，急需提升。

关于问题4，调查综合得分为20.0，说明课程设置中创业理论课程与实践课程的比例低，需要进一步提高该比例。

关于问题5，调查综合得分为60.0，说明课程设置中创业校内课程与校外课程的比例适中，说明大学生创业教育能正常开展。

综合来看，创业课程设置的全省平均值为54.9，说明课程设置总体处于中等水平，在内部结构上需要调整与改进。

7.4.2 关于课程内容

课程内容的综合分析结果如图7-2所示。

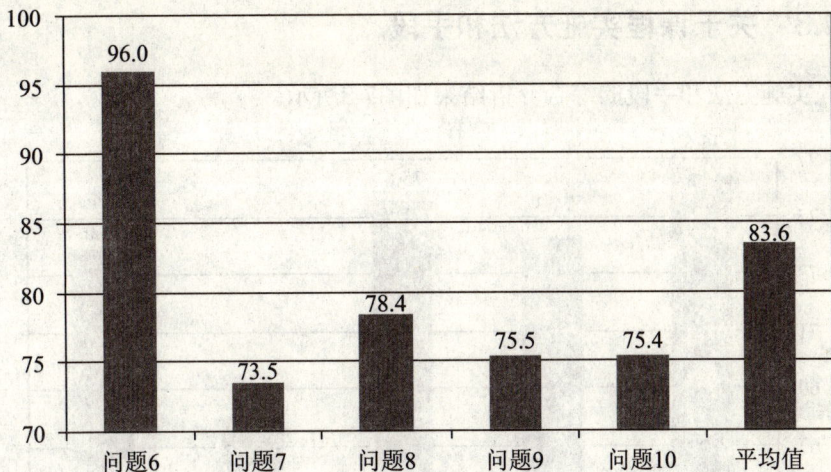

图7-2 课程内容的综合分析结果

从图7-2可以得出以下结论。

关于问题6，调查综合得分为96.0，接近于满分，说明课程内容中创业教育课程内容适用、全面，涉及创业意识培养类课程、创业品质培养类课程、创业理论知识类课程、创业实践能力培养类课程等，且此类课程备受学生喜爱。

关于问题7，调查综合得分为73.5，说明校内实践中学生参加校内创业实践类活动比较多，选择余地大。如校内社团活动、创业计划大赛、创业创新科研平台、大学生创业孵化平台等，活动形式多样。

关于问题8，调查综合得分为78.4，说明校外实践中，学生参加校外创业实践类活动较丰富，选择余地比较大，如校外勤工俭学机会、工学结合机会、参与校外活动机会等都比较多。

关于问题9，调查综合得分为75.5，指标比例较高，说明课程设置中创业教育在教材选用方面较合适。

关于问题10，调查综合得分为75.4，说明创业教育的考核方式比较科学，过程考核和结果考核相结合，考核结果能体现学生的学习成效。

综合来看，创业课程设置的全省平均值为83.6，说明创业教育在课程内容安排上较合理，适合学生学习。

7.4.3 关于课程实施方法和手段

课程实施方法和手段的综合分析结果如图7-3所示。

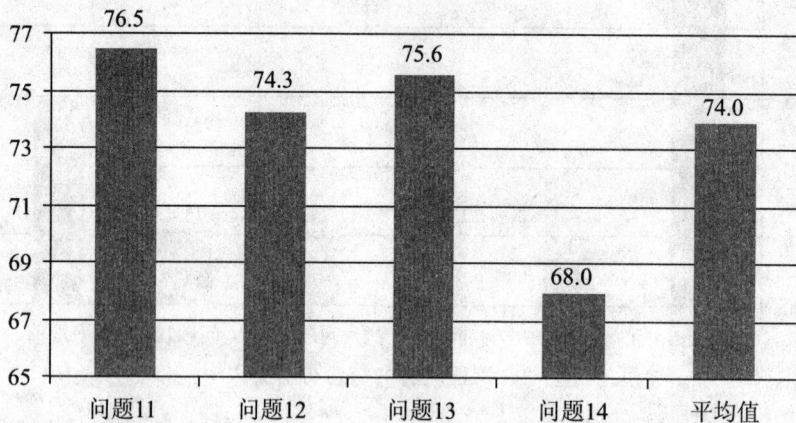

图7-3 课程实施方法和手段的综合分析结果

从图7-3可以得出以下结论。

关于问题11，调查综合得分为76.5，说明课程实施方法和手段中创业课程教学设计比较合理、思路较清晰。

关于问题12，调查综合得分为74.3，说明课程实施方法和手段中创业课程教学方法多样，能综合运用案例教学、分组讨论、角色扮演、实地考察等教学方法，使教学具有实效性等方面都比较合适。

关于问题13，调查综合得分为75.6，说明学校课程实施手段比较多样，在充分运用现代教育技术、网络技术等教学手段，提高学生学习积极性等方面都做得比较好。

关于问题14，调查综合得分为68.0，说明课程实施方法和手段中校内创业宣传氛围较浓厚，学生创业专门网站建设等创业教育环境比较好。

综合来看，创业课程设置的全省平均值为74.0，说明课程实施方法和手段中教学设计合理、思路清晰、教学方法多样，能综合运用案例教学、分组讨论、角色扮演、实地考察等教学方法，使教学具有实效性。另外，课堂教学手段多样，充分运用现代教育技术、网络技术等教学手段，提高学生学习积极性，也使教学环境较好。

7.4.4　关于课程授课队伍建设

课程授课队伍建设的综合分析结果如图7-4所示。

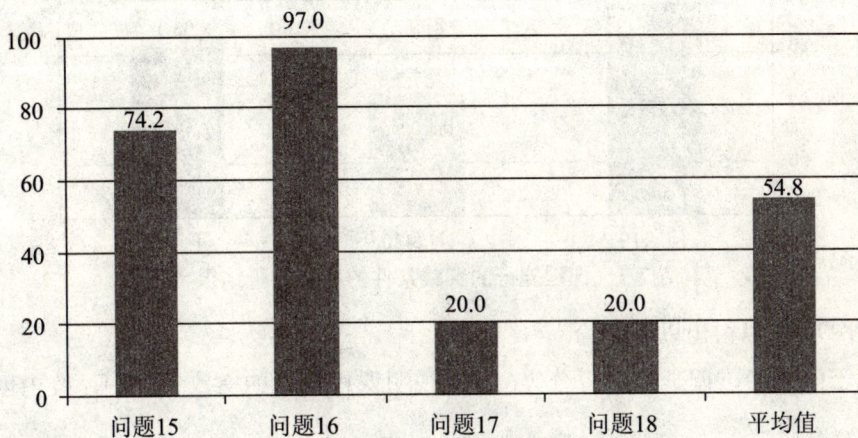

图7-4　课程授课队伍建设的综合分析结果

从图7-4可以得出以下结论。

关于问题15，调查综合得分为74.2，说明课程授课队伍建设中，主讲教师的师德高尚和教学能力、行业和企业工作经验、创业经验等情况较好。

关于问题16，调查综合得分为97.0，接近满分，说明课程授课队伍建设中，创业教育专兼职教师占比情况很好。

关于问题17，调查综合得分为20.0，说明课程授课队伍建设中，来自行业企业的兼职教师与校内兼职教师的比例低，因此，应加强校外兼职教师队伍建设。

关于问题18，调查综合得分为20.0，说明课程授课队伍建设中，行业企业兼职教师承担课程的课时量占总课时量的比例低，应提高校外兼职教师承担课程比例。

综合来看，创业课程设置的全省平均值为54.8，说明课程授课队伍建设各方面情况一般，处于中等偏低水平。

7.4.5　关于课程施行的实践条件

课程施行的实践条件的综合分析结果，如图7-5所示。

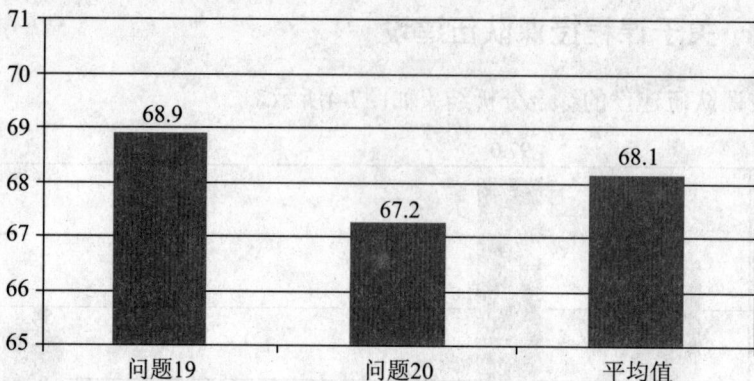

图7-5　课程施行的实践条件的综合分析结果

从图7-5可以得出以下结论。

关于问题19，调查综合得分为68.9，说明课程施行的实践条件中，校内创业实训条件较好。

关于问题20，调查综合得分为67.2，课程施行的实践条件中，校外创业实训条件情况较好。

综合来看，创业课程设置的全省平均值为68.1，说明创业课程施行的实践条件中，校内的创业实训条件较好，应对校外创业实训条件适当加以改善。

7.4.6　关于课程实施效果

课程实施效果的综合分析结果，如图7-6所示。

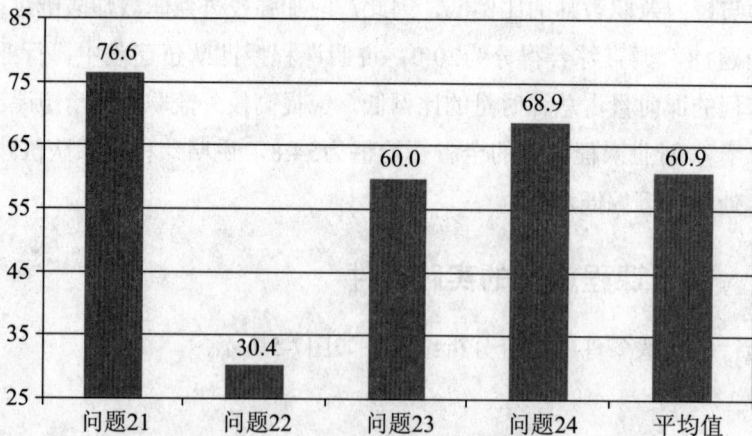

图7-6　课程实施效果的综合分析结果

从图7-6可以得出以下结论。

关于问题21，调查综合得分为76.6，说明课程实施效果中，学生对创业教育的满意度较高。

关于问题22，调查综合得分为30.4，说明课程实施效果中，用人单位对毕业一年的毕业生的满意度差，此项必须尽快提升。

关于问题23，调查综合得分为60.0，说明课程实施效果中，毕业班学生自主创业的人数占毕业生总人数的比例处于中等水平。

关于问题24，调查综合得分为68.9，说明课程实施效果中，学生毕业5年内打算自主创业的意愿程度中等偏上，实施效果一般。

综合来看，创业课程设置的全省平均值为60.9，说明在创业教育中，课程实施效果一般，同时，提升的空间也比较大。

💡 7.5 调查结果分析与建议

7.5.1 调查结果分析

通过对调查得来的统计结果进行分析，发现存在以下一些问题。在高校创业教育课程方面，课程设置中，毕业班学生在校期间参加教学大纲安排的创业教育课程学习的人数占毕业班总人数的比例低；创业理论课程与实践课程的比例低。从课程队伍建设来看，来自行业、企业的兼职教师与校内兼职教师的比例低；行业、企业兼职教师承担课程的课时量占总课时量的比例低。在课程实施效果方面，用人单位对毕业一年的学生的满意度差。

7.5.2 建议

我们通过对调查结果的统计与指标分析，结合高校在创业教育课程实际中存在的问题提出一些建议。

(1) 进一步提高创业理论课程设置比重。保持原有课程设置中创业教育课程融入专业教学大纲的计划内容的良好状况。继续保留课程设置中创业课程课时占专业总课时的比例很高的态势。改进毕业班学生在校期间的创业教育课程，提升其在课程设置中的比例。进一步提高课程设置中创业理论课程与实践课程的比例。

(2) 制定一套合理的创业教育评价机制。在原有课程内容中创业教育课程内容较多的基础上，丰富校内创业实践活动形式。进一步增加校外实践中学生参加校外创业实践类活动的机会，如校外勤工俭学、工学结合机会等，扩大活动选择余地。保持创业教育在教材选用方面的合理性。设立比较科学的考核方式，将过程考核和结果考核相结合，学校教师评价与企业行业评价相结合，准确综合地评价学生的学习效果。

(3) 全面实施现代化的创业课程教学方法与手段。在创业课程教学设计合理、思路清晰的基础上，逐步提升课程实施方法和手段中创业课程教学方法的多样性、实效性。鼓励教师充分运用现代教育技术、网络技术等教学手段，提高学生学习的积极性。完善校内大学生创业专门网站建设，为创业教育营造良好环境。

(4) 加快提升校外兼职课程队伍建设。进一步提升主讲教师的师德和教学能力、行业和企业工作经验、创业经验。保持课程队伍建设中创业教育专兼职教师的比例。增加来自行业、企业的兼职教师数量，让更多的校内外兼职教师充当创业教育指导师。加强创业课程授课队伍建设，提高校外兼职教师承担课程比例。

(5) 提高创业课程施行的实践条件。改善现有课程施行的实践条件中校内、外创业实训条件，增加对课程施行的实践条件中校内、外创业实训基础设施的投入力度，提升高校大学生创业实践与服务社会的质量。

(6) 逐步提升创业课程实施效果。必须尽快提升课程实施效果中用人单位对毕业一年的毕业生的满意度，进一步提高创业教育课程实施效果。提升大学生自主创业的人数占毕业生总人数的比例，为高校毕业生及社会创造更多的就业岗位。

我们通过以问卷调查为主，结合个别访谈，召开座谈会等形式获得了有关创业教育课程指标的一系列数据，利用这些数据对浙江省大学生的创业教育课程指标进行了描述与说明。在此基础上，还分别对本科院校和高职高专院校的创业教育课程设计的几项关键指标进行了点估计和区间估计，并进行了差异显著性比较分析，获取了一系列的研究结论。这将为改进浙江大学生创业教育课程设计提供参考依据。

参考文献

[1] 欧阳琰，赵观石. 高校创业教育课程建设初探[J]. 宁波教育学院学报，2006. (05).

[2] 熊华军，岳芩. 斯坦福大学创业教育的内化及启示[J]. 比较教育研究，2011(11).

[3] 高等职业院校人才培养工作评估研究课题组. 高等职业院校人才培养工作评估解读与问答[M]. 北京：高等教育出版社，2009.

第8章　大学生创业教育中工学结合状况的观察报告

💡 8.1 主题

工学结合是在学校与企业双方联合办学的过程中逐步形成的，其实质是产学合作、联合育人，利用学校与社会两种教育资源和教育环境，使学生的理论学习与实践操作有机结合起来。2005年10月国务院《关于大力发展职业教育的决定》明确提出：要大力推行工学结合、校企合作的培养模式，逐步建立和完善半工半读制度，为社会主义现代化建设培养数以亿计的高素质劳动者和数以千万计的高技能专门人才服务。作为浙江高校大学生创业观察项目中的一个子项目，工学结合将被置于创业教育的视角下加以观察、分析。

8.1.1 主题选择

工学结合是创业教育的重要手段，对大学生创业与工学结合的关系的考察是大学生创业探索中的重要内容。学校在创业引进社会资源与创业服务社会两个方面的成熟度是判断一个学校大学生工学结合程度的主要标志。观察创业工学结合是探讨大学生创业教育的要点。

8.1.2 大学生创业工学结合相关指标含义及重要概念汇总

在GEM的体系里，我们给出的大学生创业工学结合的主要指标与含义，如表8-1所示。

表8-1 创业工学结合的主要指标与含义

指标	指标含义
创业引进社会资源	创业订单式培养、社会企业入驻创业园、兼职创业指导师数量与质量、兼职创业指导师指导时间及效果
创业服务社会	创业校外实践课程设置、校外实习基地数量与学生参与数、学生创业服务社会项目数及创业效果转化情况

创业工学结合讨论过程中的三个重要概念如表8-2所示。

表8-2 创业工学结合讨论过程中的三个重要概念

概念	含义
订单式培养	企业与学校合作订单式培养创业学生情况
校外实习基地	社会企业能为在校大学生提供参加创业实践实习等活动的标准场地
创业成果转化	学生创业成果转化社会经济效益的情况

8.2 大学生创业教育中工学结合状况的指标体系

大学生创业教育中工学结合状况的指标体系，如表8-3所示。

表8-3 工学结合指标体系

二级指标	权重	问题序号	三级指标	权重	指标内容	指标值	打分方法
引进社会资源	0.5	1	订单式培养	0.2	企业与学校合作订单式培养创业学生数占在校生人数比例	100	比例≤3.5‰，得20分；3.5‰<比例≤4‰，得40分；4‰<比例≤4.5‰，得60分；4.5‰<比例<5‰，得80分；≥5‰，得100分
		2	社会企业入驻创业园	0.2	社会企业入驻创业园数量	100	数量越多，得分越高，与工学结合程度成正比。0<数量<5，得20分；5≤数量<10，得40分；10≤数量<15，得60分；15≤数量<20，得80分；数量≥20，得100分
		3	兼职创业指导师数量	0.15	企业指导师人数与创业学生数的比例	100	比例越大，得分越高，与工学结合程度成正比。比例≤1/50，得20分；1/50<比例≤1/40，得40分；1/40<比例≤1/30，得60分；1/30<比例≤1/20，得80分；1/20<比例，得100分

(续表)

二级指标	权重	问题序号	三级指标	权重	指标内容	指标值	打分方法
引进社会资源		4	兼职创业指导师质量层次	0.15	兼职创业指导师中、高级职称(技能)占总指导师比例	100	比例≤10%，得20分；10%<比例≤15%，得40分；15%<比例≤20%，得60分；20%<比例≤25%，得80分；比例≥25%，得100分
		5	兼职创业指导师指导时间	0.15	每学年人均指导工作总课时数	100	工作时间越多，得分越高，与工学结合程度成正比。时间<10，得20分；10≤时间<20，得40分；20≤时间<30，得60分；30≤时间<40，得80分；时间>40，得100分
		6	兼职创业指导师指导效果	0.15	兼职创业指导师指导获得学生满意程度	100	0～10%(含)，得20分；10%～20%(含)，得40分；20%～30%(含)，得60分；30%～40%(含)，得80分；40%以上，得100分
创业服务社会	0.5	7	校外实践课程设置	0.2	校外实践课时数占总课时数的比例	100	比重越大，得分越高，与工学结合程度成正比。0≤比例<5‰，得20分；5‰≤比例<10‰，得40分；10‰≤比例<15‰，得60分；15‰≤比例<20‰，得80分；≥20‰，得100分
		8	校外实习基地数量	0.2	校外实习基地数量	100	数量越多，得分越高，与工学结合程度成正比。0≤数量<5，得20分；5≤数量<10，得40分；10≤数量<15，得60分；15≤数量<20，得80分；数量≥20，得100分

(续表)

二级指标	权重	问题序号	三级指标	权重	指标内容	指标值	打分方法
		9	参加校外实践基地学生数量	0.3	参加校外实践基地学生人数占全体学生数的比例	100	比重越大，得分越高，与工学结合程度成正比。0～10%(含)，得20分；10%～20%(含)，得40分；20%～30%(含)，得60分；30%～40%(含)，得80分；40%以上，得100分
		10	学生创业服务社会项目数	0.15	学生创业服务社会项目数占创业学生总项目数的比例	100	比例越高，得分越高，与工学结合程度成正比。0～10%(含)，得20分；10%～20%(含)，得40分；20%～30%(含)，得60分；30%～40%(含)，得80分；40%以上，得100分
		11	学生创业成果转化社会效益	0.15	学生创业成果转化社会经济效益情况	100	转化率越高，得分越高，与工学结合程度成正比。0～10%(含)，得20分；10%～20%(含)，得40分；20%～30%(含)，得60分；30%～40%(含)，得80分；40%以上，得100分

💡 8.3　相关提问

8.3.1　主要问题

基于上述指标体系，设计了以下11项问题。

(1) 订单式培养；

(2) 社会企业入驻创业园；

(3) 兼职创业指导师数量；

(4) 兼职创业指导师质量层次；

(5) 兼职创业指导师指导时间；

(6) 兼职创业指导师指导效果；

(7) 校外实践课程设置；

(8) 校外实习基地数量；

(9) 参加校外实践基地学生数量；

(10) 学生创业服务社会项目数；

(11) 学生创业成果转化社会效益。

8.3.2　问题的展开

针对上述11项问题，本课题组设计了相应的提问，具体内容如下所述。

(1) 学校全日制在校学生人数_____，企业与学校合作订单式培养学生_____人。

(2) 社会企业入驻创业园_____个。

(3) 学校现有创业学生_____人，有企业创业(或企业管理)经验的教师_____人。

(4) 学校专兼职创业指导教师_____人，其中，高级职称_____人。

(5) 行业企业兼职教师承担课时数_____节。

(6) 您对兼职创业指导师满意程度。

□很同意　□同意　□一般　□不同意　□很不同意

(7) 创业总课时数_____节，校外创业实践课时数_____节。

(8) 校外实习基地 _____个。

(9) 参加校外实践基地的学生有_____人。

(10) 全年学生创业项目数_____个。创业学生服务社会项目数_____个。

(11) 全年学生创业成果转化社会经济效益_____万元。

8.4　调查结果汇总

8.4.1　关于引进社会资源

引进社会资源综合分析结果，如图8-1所示。

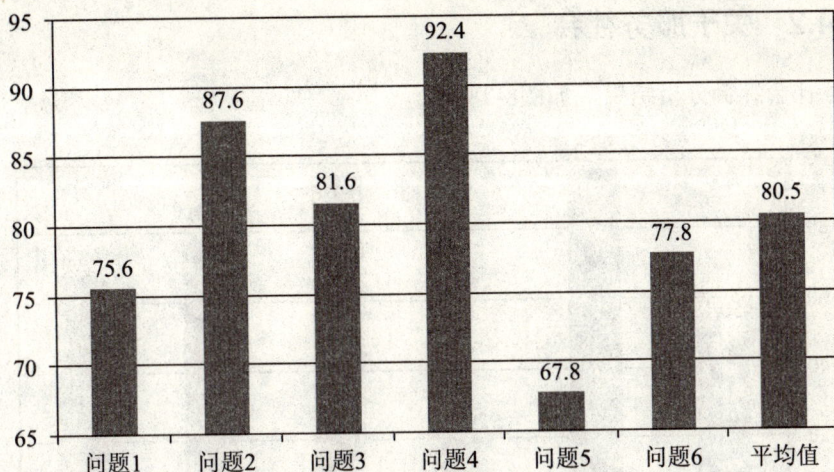

图8-1　引进社会资源综合分析结果

从图8-1可以得出以下结论。

关于问题1，调查综合得分是75.6。企业与学校合作订单式培养创业学生数占在校生人数比例处于较高水平，说明浙江高校订单式培养情况较好，还有待进一步提升。

关于问题2，调查综合得分是87.6。说明浙江高校社会企业入驻创业园程度高，指标处于较高水平，社会企业入驻创业园数量多，情况良好。

关于问题3，调查综合得分是81.6。说明浙江高校兼职创业指导师数量多，该项指标处于较高水平，兼职创业指导师数量能满足高校大学生创业需求。

关于问题4，调查综合得分是92.4。说明兼职创业指导师中、高级职称(技能)占总指导师比例处于很高水平，浙江高校兼任创业指导师质量层次很高。

关于问题5，调查综合得分是67.8。说明浙江高校兼职创业指导师指导时间较多，指标处于较高水平，意味着每学年人均指导工作总课时数较足，应适当增加对大学生创业指导时间的投入。

关于问题6，调查综合得分是77.8。说明浙江高校兼职创业指导师指导获得学生满意程度较高，指标处于较高水平。学生对兼职创业指导师指导较满意，指导收效较好。

综合来看，引进社会资源指标平均得分为80.5，说明浙江省高校引进社会资源机会多，处于较高水平。

8.4.2 关于服务社会

服务社会综合分析结果，如图8-2所示。

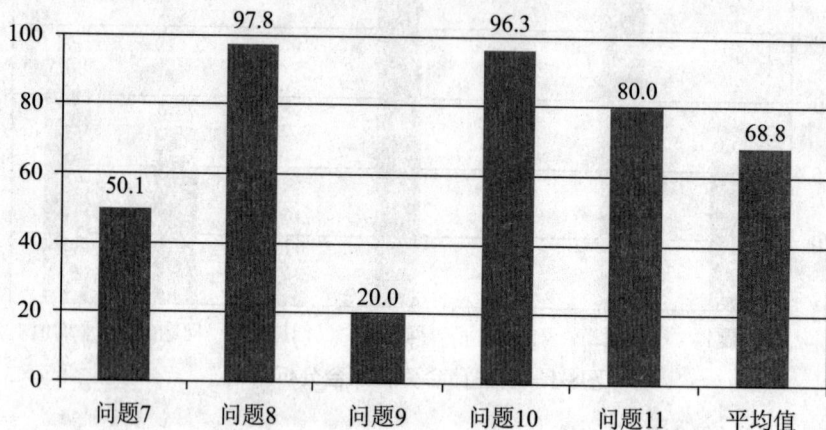

图8-2 服务社会综合分析结果

从图8-2可以得出以下结论。

关于问题7，调查综合得分是50.1。说明浙江高校校外实践课时数占总课时数的比例一般，校外实践课程设置程度处于中等偏低水平，校外实践课程设置指标需要提升。

关于问题8，调查综合得分是97.8。说明浙江高校校外实习基地数量多，能满足在校大学生校外创业实习的要求。

关于问题9，调查综合得分是20.0。说明浙江高校在校大学生参加校外实践活动的人数少，学生参加校外基地实习数量占在校大学生数的比例低，应尽快动员在校大学生积极参加校外创业实践基地的实践活动。

关于问题10，调查综合得分是96.3。说明浙江高校大学生创业服务社会项目数很多，占创业学生总项目数的比例极高，本项指标处于很高水平。

关于问题11，调查综合得分是80.0。说明浙江高校大学生创业成果转化社会效益程度高。本项指标处于高水平，说明创业成果转化社会效益情况良好。

综合来看，服务社会平均得分为68.8。说明浙江高校大学生创业服务社会机会较多，综合指标处于较好偏下水平。高校大学生创业服务社会方面做得较好，但指标提升的空间还很大。

💡 8.5 调查结果分析与建议

8.5.1 调查结果分析

通过对调查统计情况进行分析，发现在高校创业工学结合方面还存在以下一些问题。高校参加校外实践活动的大学生数量少；参加校外基地学生人数与在校大学生数相比指标低；高校校外实践课程设置程度处于中等偏低水平；校外实践课时数占总课时数的比例一般；校外实践课程设置指标需要提升。

8.5.2 建议

调查结果暴露出大学生创业教育中工学结合存在的问题与不足，现就如何改善高校大学生创业教育工学结合状况提出以下一些对策。

(1) 进一步引进社会资源，尽量满足高校大学生的创业需求。加强高校与企业的合作，提高订单式培养创业学生数占在校生人数比例，培育更多创业人才。在社会企业入驻创业园数量多、合作好的基础上，进一步提升高校创业园社会企业入驻比例，提高与大学生创业合作水平。在确保高校兼职创业指导师数量较多、水平较好的前提下，满足兼职创业指导师数量与高校大学生创业指导的需求。保持兼职创业指导师中、高级职称(技能)占总指导师的高比例水平，进一步提升高校兼任创业指导师质量层次。每学年多安排创业指导师任务，增加高校兼职创业指导师指导时间，加大对大学生创业指导力度。在学生对兼职创业指导师指导较满意，指导效果较好的基础上，进一步提高校内外兼职创业指导师指导获得学生满意度。

(2) 提供创业实践平台，服务社会经济建设。急需调整校外实践课程设置，提高学校校外实践课时数占总课时数的比重，迅速改变校外实践课程设置水平较低现状。在保持高校校外实习基地数量较多的基础上，提升校外实习基地质量与管理水平。虽然高校校外实习基地数量较多，但适合或可供在校学生参加校外实践的基地数量却较少，应尽快增加高校可供学生参加校外实践的基地数量，为高校大学生创业提供实践活动平台，积极引导学生参与校外创业实践活动。在保持原有高校大学生创业服务社会项目数量的同时，优化学生创业项目结构，提升在校大学生创业服务社会水平。进一步提升高校大学生创业成果转化社会效益的程度，为高校大学生创业服务社会提供更多机会。

总而言之，通过对浙江高校大学生创业工学结合指标体系数据的统计描述及说明解析，我们发现了浙江本科院校与高职高专院校大学生创业工学结合的差异性，得到了一系列的研究结论。这为大学生创业指数的动态研究奠定了基础，也为改善浙江高校大学生创业教育提供了决策依据。当然，大学生创业是一项长期系统性的工程。指标显示，目前，在高校毕业生就业难的形势下，作为高校更应该与企业深度合作，开展工学结合，开辟创业之路，加强校内外专兼职教师指导创业教育的实践，使理论与实践相得益彰，不断增强高校大学生创业教育的实效性。

参考文献

[1] 刘来泉. 把创业教育切实纳入我国职业教育中[J]. 中国职业技术教育，2007(08).

[2] 谢敏，王积建，杨哲旗，等. 大学生创业指数研究[M]. 北京：中国社会科学出版社，2013.

[3] 高建，程源，李习保，等. 全球创业观察中国报告(2007)——创业转型与就业效应[M]. 北京：清华大学出版社，2008.

第9章　大学生校内创业环境条件
的观察报告

💡 9.1　主题

大学生创业环境条件指标项目来自于课题组的前期设计，由7个方面组成，其中包括校园创业文化环境条件指标、学校创业政策与保障机制环境条件指标、创业教育与培训环境条件指标、投入有形基础设施环境条件指标、创业基金(资金)支持环境条件指标、相关科研成果转化环境条件指标、创业产业关联度环境条件指标。一些公共经济社会环境指标则不作为考察对象加以考察，项目指标应尽量符合统计常理并获得业内外的一致认可。项目指标的来源应基本做到科学合理，使得获取的数据真实、可靠。

9.1.1　主题选择

高校内部创业环境条件的优劣，对大学生创业无论在精神上、还是实际运作上，都有重要的影响。根据大学生校园环境条件，主要设置了校园创业文化、学校创业政策与保障机制、创业教育与培训、投入有形基础设施、创业基金(资金)支持、相关科研成果转化及创业产业关联度七大指标进行考量。

9.1.2　大学生校内创业环境条件相关指标含义及重要概念汇总

在GEM的体系里，我们给出的大学生校园内创业环境条件的主要指标与含义，如表9-1所示。

表9-1　校内创业环境条件的主要指标与含义

指标	指标含义
校园创业文化	高校大学生创业与创业活动受校园创业文化导向、创业文化价值及创业文化氛围等影响的情况
学校创业政策与保障机制	高校在政策制定与规划等方面对大学生创业、初生创业或者新企业的扶持状况

(续表)

指标	指标含义
创业教育与培训	高校大学生创业相关的各个层次教育与培训体系对大学生创业的影响程度
投入有形基础设施	高校大学生创业能够得到学校场地及基础设施支持的情况
创业基金(资金)支持	高校大学生创业所获得学校提供及通过学校得到各项基金或资金支持的程度
相关科研成果转化	高校大学生创业利用学校师生科研成果及通过学校得到各项科研成果的转化情况
创业产业关联度	高校大学生创业依存学生创办企业、校办企业及社会企业的状况

9.1.3 大学生校内创业环境条件相关指标及重要概念汇总

大学生校内创业环境条件讨论中的8个重要概念,如表9-2所示。

表9-2 大学生校内创业环境条件讨论中的8个重要概念

概念	含义
创业导向	这是指学校将创业作为比较理想的职业选择人数与在校生人数之间的比例
创业价值	这是指学生认为创业的成功者应享有社会地位和威望的人数与在校生人数的比例
创业专职人员	这是指学校创业管理或指导机构专职技术管理人数以及与在校学生人数的比例
创业普及教育	这是指学校创业普及教育大学生人数、在校生的普及率
校内创业园区面积	这是指学校设置校内创业园区总面积、在校学生人均占有的比例等
创业者获得学校无偿支持资金	这是指创业者获得学校无偿支持资金(元)与在校生人数比例等
学校知识产权转化为创业项目数	这是指学校自行研发的专利权、商标权转移给大学生创业的项目数与在校生人数的比例
创业专业相关度	这是指大学生利用所学相同或相近专业创业项目数与在校生人数比例

💡 9.2　大学生校内创业环境条件的指标体系

大学生校内创业环境条件的指标体系如表9-3所示。

表9-3　大学生校内创业环境条件指标体系

二级指标	权重	问题序号	三级指标	权重	指标内容	指标值	打分方法
校园创业文化	0.16	1	创业导向	0.4	学校将创业作为比较理想的职业选择的人数与在校生比例	100	3‰~5‰(含)，得20分；5‰~7‰(含)，得40分；7‰~9‰(含)，得60分；9‰~11‰，得80分；≥11‰，得100分
		2	创业价值	0.3	学生认为创业的成功者应享有社会地位和威望的人数与在校生人数的比例	100	3‰~5‰(含)，得20分；5‰~7‰(含)，得40分；7‰~9‰(含)，得60分；9‰~11‰，得80分；≥11‰，得100分
		3	创业氛围	0.3	学校创业宣传次数与规格占学校总体宣传次数与规格的比例	100	10%~20%(含)，得20分；20%~30%(含)，得40分；30%~40%(含)，得60分；40%~50%，得80分；≥50%，得100分
学校创业政策与保障机制	0.16	4	创业政策	0.3	学校创业政策实施的数量	100	1~5项(含)，得20分；6~10项(含)，得40分；11~15项(含)，得60分；16~20项，得80分；≥20项，得100分
		5	创业机构	0.2	学校创业技术指导机构设置与效能执行程度	100	合并设置创业机构，得20分；合并设置创业机构且执行力较强，得40分；单独设置创业机构且执行力一般，得60分；单独设置创业机构且执行力较强，得80分；单独设置创业机构且执行力十分强，得100分

(续表)

二级指标	权重	问题序号	三级指标	权重	指标内容	指标值	打分方法
学校创业政策与保障机制		6	创业专职人员	0.2	学校创业专职技术管理人数与在校学生人数的比例	100	0.5/10 000～1/10 000(含),得20分;1/10 000～2/10 000(含),得40分;2/10 000～3/10 000(含),得60分;3/10 000～4/10 000,得80分;≥4/10 000,得100分
		7	创业经费	0.2	学校创业指导经费投入(元)与在校学生人数的比例	100	30/1～40/1(含),得20分;40/1～50/1(含),得40分;50/1～60/1(含),得60分;60/1～70/1,得80分;≥70/1,得100分
		8	创业教育研究	0.1	学校创业教育专项研究项目层次或项数	100	基层(校)课题1项,得20分;基层(校)课题2项,得40分;市(厅)级1项(下一级3项),得60分;省(部)级1项(下一级3项),得80分;国家级1项(下一级3项),得100分
创业教育与培训	0.2	9	创业普及教育	0.2	学校创业普及教育大学生与在校生人数的比例	100	1%～5%(含),得20分;5%～10%(含),得40分;10%～15%(含),得60分;15%～20%,得80分;≥20%,得100分
		10	创业提高教育	0.3	学校创业提高教育(培训)大学生与在校学生人数的比例	100	2.5%～3.0%(含),得20分;3.0%～3.5%(含),得40分;3.5%～4.0%(含),得60分;4.0%～4.5%,得80分;≥4.5%,得100分
		11	创业精英教育	0.3	学校创业精英教育(培训)大学生与在校生人数的比例	100	0.5%～1.0%(含),得20分;1.0%～1.5%(含),得40分;1.5%～2.0%(含),得60分;2.0%～2.5%,得80分;≥2.5%,得100分

(续表)

二级指标	权重	问题序号	三级指标	权重	指标内容	指标值	打分方法
创业教育与培训		12	创业指导师教育	0.2	学校创业指导师自身教育(培训)人数与在岗在册教职工人数的比例	100	1‰～2‰(含)，得20分； 2‰～3‰(含)，得40分； 3‰～4‰(含)，得60分； 4‰～5‰，得80分； ≥5‰，得100分
投入有形基础设施	0.16	13	校内创业园区设备	0.3	学校投入校园创业工作室硬件配备资金(元)与在校学生人数的比例	100	1/1～100/1(含)，得20分； 100/1～500/1(含)，得40分； 500/1～1000/1(含)，得60分； 1000/1～1500/1，得80分； ≥1500/1，得100分
		14	校外创业园区设备	0.2	学校投入校外创业工作室设备资金(元)与在校学生人数的比例	100	1/1～100/1(含)，得20分； 100/1～200/1(含)，得40分； 200/1～300/1(含)，得60分； 300/1～400/1，得80分； ≥400/1，得100分
		15	校内创业园区面积	0.3	校内创业园区面积(平方米)与在校学生人数的比例	100	3%～6%(含)，得20分； 6%～9%(含)，得40分； 9%～12%(含)，得60分； 12%～15%，得80分； ≥15%，得100分
		16	校外创业园区面积	0.2	学校设在校外创业场地面积(平方米)与在校学生人数的比例	100	0.1%～1%(含)，得20分； 1%～2%(含)，得40分； 2%～3%(含)，得60分； 3%～4%，得80分； ≥4%，得100分
创业基金(资金)支持	0.12	17	创业者自筹资金	0.3	创业者自身资金投入金额(元)与在校学生人数的比例	100	10/1～50/1(含)，得20分； 50/1～100/1(含)，得40分； 100/1～150/1(含)，得60分； 150/1～200/1，得80分； ≥200/1，得100分
		18	创业者获得学校无偿资金	0.3	创业者获得学校无偿支持资金(元)与在校生人数比例	100	20/1～40/1(含)，得20分； 40/1～60/1(含)，得40分； 60/1～80/1(含)，得60分； 80/1～100/1，得80分； ≥100/1，得100分

(续表)

二级指标	权重	问题序号	三级指标	权重	指标内容	指标值	打分方法
创业基金(资金)支持		19	创业者获得社会无偿资金	0.2	创业者通过学校获得社会无偿支持资金(元)与在校生人数比例	100	10/1~100/1(含)，得20分；100/1~200/1(含)，得40分；200/1~300/1(含)，得60分；300/1~400/1，得80分；≥400/1，得100分
		20	创业者获得有偿资金	0.2	创业者通过学校获得有偿资金(元)支持与在校生人数比例	100	20/1~30/1(含)，得20分；30/1~40/1(含)，得40分；40/1~50/1(含)，得60分；50/1~60/1，得80分；≥60/1，得100分
相关科研成果转化	0.12	21	学校知识产权转化为创业项目数	0.3	学校自行研发的专利权、商标权转移给大学生创业的项目数与在校生人数的比例	100	3/10 000~6/10 000(含)，得20分；6/10 000~9/10 000(含)，得40分；9/10 000~12/10 000(含)，得60分；12/10 000~15/10 000，得80分；≥15/10 000，得100分
		22	学校非产权智力成果转化为创业项目数	0.3	学校将研发的非专利技术及其他智力成果转化为大学生创业项目数与在校生人数的比例	100	3/10 000~6/10 000(含)，得20分；6/10 000~9/10 000(含)，得40分；9/10 000~12/10 000(含)，得60分；12/10 000~15/10 000，得80分；≥15/10 000，得100分
		23	学校科研手段转化为创业项目数	0.3	学校将科技研发手段、途径、方法或设备转化为大学生创业的项目数与在校生人数的比例	100	0.5/10 000~1/10 000(含)，得20分；1/10 000~2/10 000(含)，得40分；2/10 000~3/10 000(含)，得60分；3/10 000~4/10 000，得80分；≥4/10 000，得100分
		24	学校引用社会科研成果转化为创业项目数	0.1	通过学校引用社会科研成果转化为大学生创业的项目数与在校生人数的比例	100	0.5/10 000~1/10 000(含)，得20分；1/10 000~2/10 000(含)，得40分；2/10 000~3/10 000(含)，得60分；3/10 000~4/10 000，得80分；≥4/10 000，得100分

(续表)

二级指标	权重	问题序号	三级指标	权重	指标内容	指标值	打分方法
创业产业关联度	0.08	25	创业专业相关度	0.4	大学生利用所学相同或相近专业创业项目数与在校生人数比例	100	0.5‰~1‰(含)，得20分；1‰~2‰(含)，得40分；2‰~3‰(含)，得60分；3‰~4‰，得80分；≥4‰，得100分
		26	创业与社会企业合作度	0.3	大学生同社会企业合作项目数及参与社会产业链活动的创业项目数与在校生人数比例	100	0.5‰~1‰(含)，得20分；1‰~2‰(含)，得40分；2‰~3‰(含)，得60分；3‰~4‰，得80分；≥4‰，得100分
		27	创业带动就业度	0.3	大学生所创项目带动相同或相近专业学生就业数与在校生人数比例	100	1/10 000~5/10 000(含)，得20分；5/10 000~10/10 000(含)，得40分；10/10 000~15/10 000(含)，得60分；15/10 000~20/10 000，得80分；≥20/10 000，得100分

💡 9.3 相关提问

9.3.1 主要问题

基于上述指标体系，设计了以下27项问题。

(1) 创业导向；

(2) 创业价值；

(3) 创业氛围；

(4) 创业政策；

(5) 创业机构；

(6) 创业专职人员；

(7) 创业经费；

(8) 创业教育研究；

(9) 创业普及教育；

(10) 创业提高教育；

(11) 创业精英教育；

(12) 创业指导师教育；

(13) 校内创业园区设备；

(14) 校外创业园区设备；

(15) 校内创业园区面积；

(16) 校外创业园区面积；

(17) 创业者自筹资金；

(18) 创业者获得学校无偿资金；

(19) 创业者获得社会无偿资金；

(20) 创业者获得有偿资金；

(21) 学校知识产权转化为创业项目数；

(22) 学校非产权智力成果转化为创业项目数；

(23) 学校科研手段转化为创业项目数；

(24) 学校引用社会科研成果转化为创业项目数；

(25) 创业专业相关度；

(26) 创业与社会企业合作度；

(27) 创业带动就业度。

9.3.2 问题的展开

针对上述问题，本课题组设计了28个相应的提问，其具体内容如下所述。

(1) 学校全日制在校学生_____人。

(2) 您是把创业作为理想的职业选择。

□是　□否　□不确定

(3) 您认为大学生创业成功者应享有一定的社会地位和威望。

□是　□否　□不确定

(4) 学校全年各类宣传总共_____次，全年创业宣传_____次。

(5) 学校现有支持大学生创业政策中已具体落实的有_____项。

(6) 学校有指导创业机构_____个，其中专职指导创业机构_____个。

(7) 学校有专职创业管理人员_____人。

(8) 学校全年投入创业指导经费_____万元。

(9) 学校全年有关创业教育专项研究立项中，校级项目_____个，地市级项目_____个，省部级项目_____个，国家级项目_____个。

(10) 学校创业普及教育大学生_____人。

(11) 学校创业提高班教育(培训)大学生_____人。

(12) 学校创业精英班教育(培训)大学生_____人。

(13) 学校在册在岗教师_____人，全年在册在岗创业指导师自身教育(培训)_____人。

(14) 学校投入的校园创业工作室硬件资金_____万元。

(15) 学校投入的校外创业工作室设备资金_____万元。

(16) 学校的创业园区面积_____平方米。

(17) 学校校外其他可用的创业场地面积_____平方米。

(18) 学校全年创业者自身投入资金(基金)_____万元。

(19) 学校全年无偿投入的大学生创业资金(基金)_____万元。

(20) 学校全年获得社会无偿投入的大学生创业资金(基金)_____万元。

(21) 学校全年获得有偿资金(或基金)_____万元，其中投入大学生创业资金(或基金)_____万元。

(22) 学校全年科研专利成果_____项，已转化为大学生创业的_____项。

(23) 学校全年研发的非专利技术及其他智力成果_____项，已转化为大学生创业的_____项。

(24) 学校全年将科技研发手段、途径、方法或科研设备转化为大学生创业的_____项。

(25) 学校引进社会科研项目转化为大学生创业项目的有_____个。

(26) 大学生利用所学的相同或相近专业创业的项目有_____个。

(27) 大学生同社会企业合作项目_____个，参与社会产业链活动的创业项目有_____个。

(28) 学校全年大学生创业项目带动学生_____人就业，其中，带动相同或相近专业创业学生_____人就业。

9.4 调查结果汇总

9.4.1 关于校园创业文化

校园创业文化综合分析结果如图9-1所示。

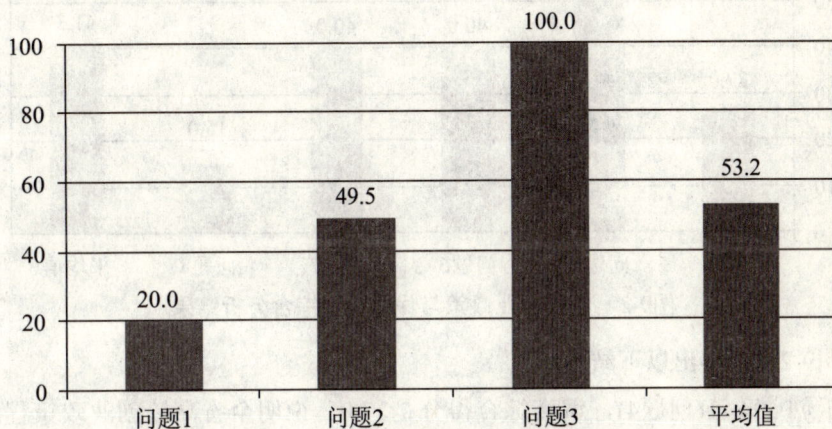

图9-1 校园创业文化综合分析结果

从图9-1可以得出以下结论。

关于创业导向(问题1)，调查综合得分是20.0。说明全省高校创业导向程度很低，学校中，将创业作为比较理想的职业选择的人数比例处于很低的水平。

关于创业价值(问题2)，调查综合得分是49.5。说明全省高校创业价值程度较低，学校中学生认为创业的成功者应享有社会地位和威望的人数比例处于较低水平。

关于创业氛围(问题3)，调查综合得分是100.0。说明全省高校创业氛围极好，学校创业宣传次数与规格比例处于极高水平。

综合来看，校园创业文化综合得分为53.2。说明浙江省高校里校园创业文化尚可，处于中等偏下的水平。

9.4.2 关于学校创业政策与保障机制

学校创业政策与保障机制综合分析结果，如图9-2所示。

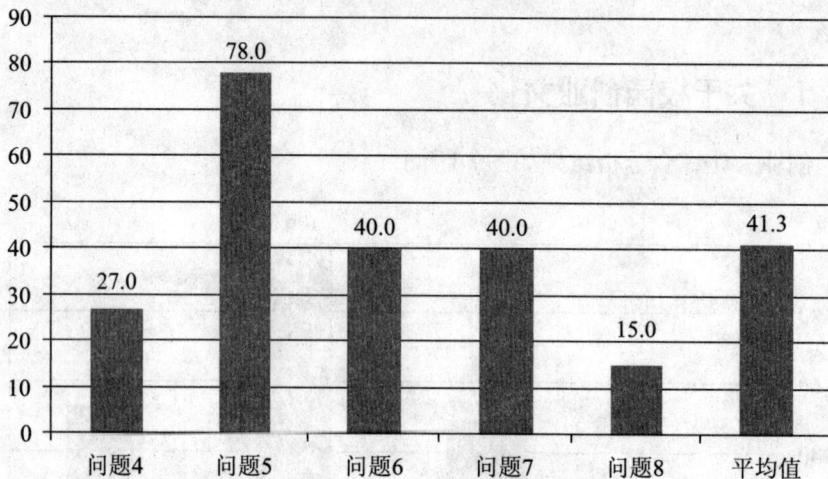

图9-2 学校创业政策与保障机制综合分析结果

从图9-2可以得出以下结论。

关于创业政策(问题4)，调查综合得分是27.0。说明全省高校创业政策程度低，学校创业政策实施的数量处于低水平。

关于创业机构(问题5)，调查综合得分是78.0。说明全省高校创业机构较多，学校创业技术指导机构设置与效能执行程度处于较高水平。

关于创业专职人员(问题6)，调查综合得分是40.0。说明在学校中，学校创业专职技术管理人数比例处于较低水平。

关于创业经费(问题7)，调查综合得分是40.0。说明全省高校创业经费较少，学校创业指导经费投入比例处于较低水平。

关于创业教育研究(问题8)，调查综合得分是15.0。说明全省高校创业教育研究课题很少，学校创业教育专项研究项目层次或项数处于很低水平。

综合来看，学校创业政策与保障机制的平均值为41.3，说明浙江省高校创业政策与保障机制情况较差，整体处于较低水平。

9.4.3 关于创业教育与培训

创业教育与培训综合分析结果，如图9-3所示。

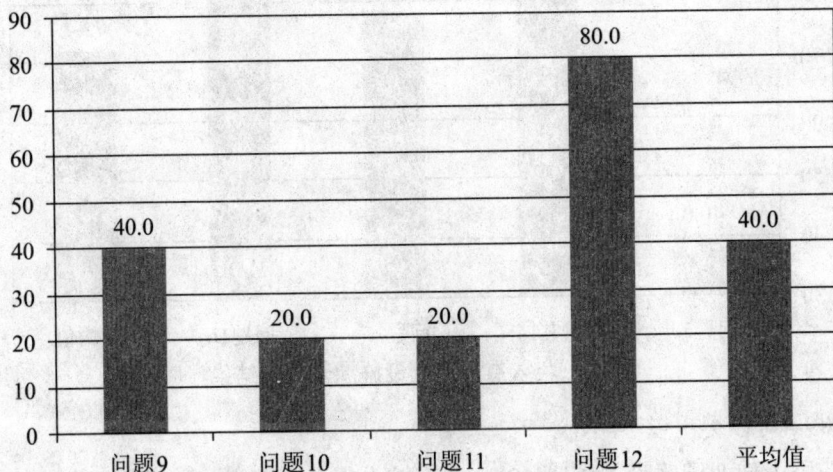

图9-3 创业教育与培训综合分析结果

从图9-3可以得出以下结论。

关于创业普及教育(问题9)，调查综合得分是40.0。说明全省高校创业政策普及程度较低，学校创业普及教育大学生与在校生人数的比例处于较低水平。

关于创业提高教育(问题10)，调查综合得分是20.0。说明全省高校创业机构程度低，学校创业提高教育(培训)大学生与在校生人数的比例处于低水平。

关于创业精英教育(问题11)，调查综合得分是20.0。说明全省高校创业专职人员程度低，学校创业精英教育(培训)大学生与在校生人数的比例处于低水平。

关于创业指导师教育(问题12)，调查综合得分是80.0。说明学校创业指导师自身教育(培训)人数与在校生人数的比例处于高水平。

综合来看，创业教育与培训综合得分为40.0，说明浙江省高校创业教育与培训整体处于较低水平。

9.4.4 关于投入有形基础设施

投入有形基础设施综合分析结果，如图9-4所示。

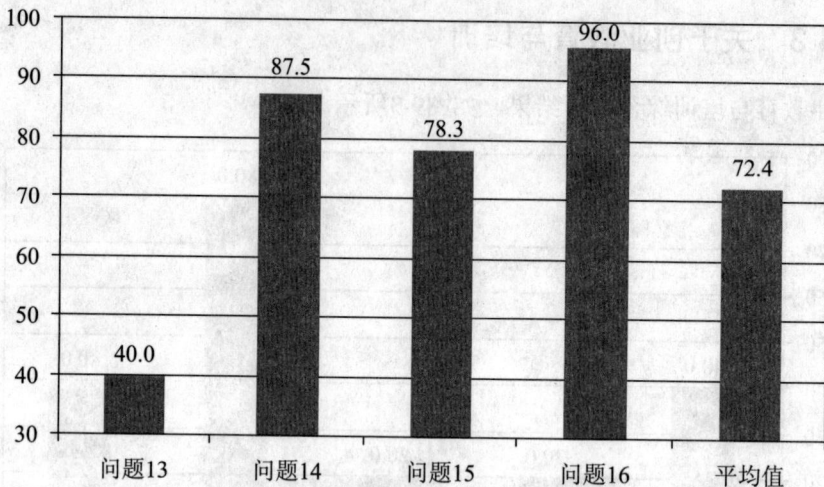

图9-4 投入有形基础设施综合分析结果

从图9-4可以得出以下结论。

关于校内创业园区设备(问题13)，调查综合得分是40.0。说明全省高校校内创业园区设备完善度较低，学校投入校园创业工作室硬件配备资金与在校学生人数的比例处于较低水平。

关于校外创业园区设备(问题14)，调查综合得分是87.5。说明全省高校校外创业园区设备完善度高，学校投入校外创业工作室设备资金与在校学生人数的比例处于高水平。

关于校内创业园区面积(问题15)，调查综合得分是78.3。说明全省高校校内创业园区面积较多，校内创业园区面积与在校学生人数的比例处于较高的水平。

关于校外创业园区面积(问题16)，调查综合得分是96.0。说明全省高校校外创业园区面积较多，学校设在校外创业场地面积与在校学生人数的比例处于极高水平。

综合来看，投入有形基础设施综合得分为72.4，说明浙江省高校投入有形基础设施情况较好，整体处于较高水平。

9.4.5 关于创业基金(资金)支持

创业基金(资金)支持综合分析结果，如图9-5所示。

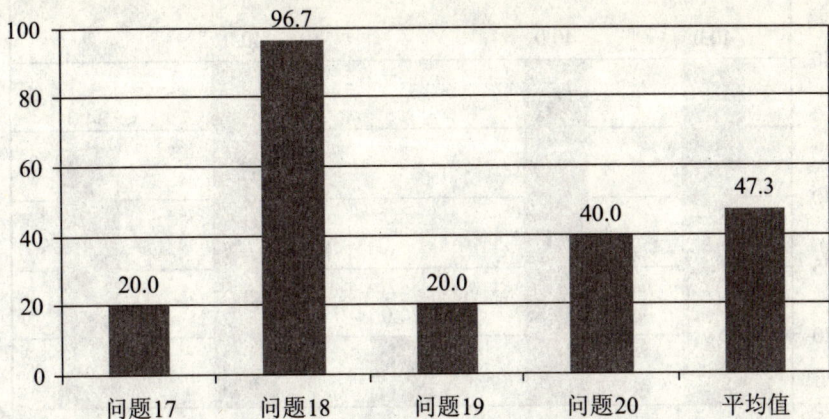

图9-5 创业基金(资金)支持综合分析结果

从图9-5可以得出以下结论。

关于创业者自筹资金(问题17)，调查综合得分是20.0。说明全省高校创业者自筹资金程度低，创业者自身资金投入金额(元)与在校生人数的比例处于较低水平。

关于创业者获得学校无偿资金(问题18)，调查综合得分是96.7。说明全省高校创业者获得学校无偿资金程度极高，创业者获得学校无偿支持资金与在校生人数的比例处于极高水平。

关于创业者获得社会无偿资金(问题19)，调查综合得分是20.0。说明全省高校创业者获得社会无偿资金程度低，创业者通过学校获得社会无偿支持资金与在校生人数的比例处于低水平。

关于创业者获得有偿资金(问题20)，调查综合得分是40.0。说明全省高校创业者获得有偿资金程度较低，创业者通过学校获得有偿资金(元)支持与在校生人数与在校生人数的比例处于较低水平。

综合来看，创业基金(资金)支持综合得分为47.3，说明浙江省高校大学生创业基金(资金)支持较少，处于较低水平。

9.4.6 关于相关科研成果转化

相关科研成果转化综合分析结果，如图9-6所示。

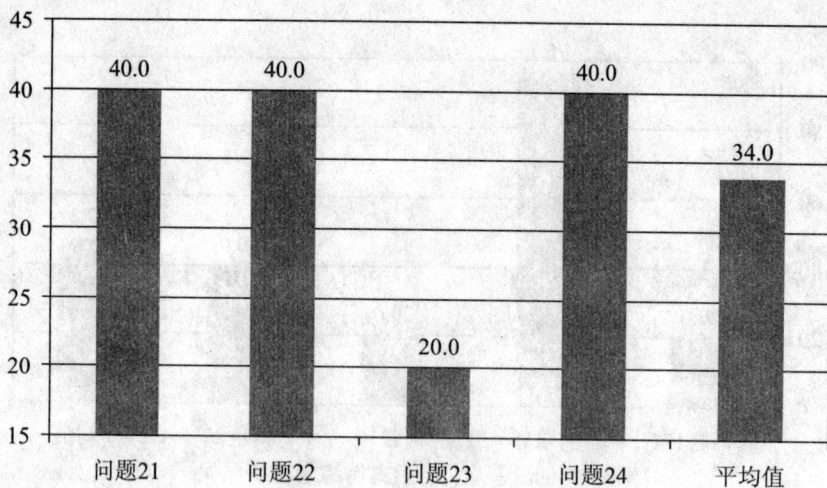

图9-6 相关科研成果转化综合分析结果

从图9-6可以得出以下结论。

关于学校知识产权转化为创业项目数(问题21)，调查综合得分是40.0。说明全省高校知识产权转化为创业项目数程度较低，学校自行研发的专利权、商标权转移给大学生创业的项目数与在校生人数的比例处于较低的水平。

关于学校非产权智力成果转化为创业项目数(问题22)，调查综合得分是40.0。说明全省高校非知识产权智力成果转化为创业项目数程度较低，学校将研发的非专利技术及其他智力成果转化为大学生创业项目数与在校生人数的比例处于较低水平。

关于学校科研手段转化为创业项目数(问题23)，调查综合得分是20.0。说明全省高校科研手段转化为创业项目数程度低，学校将科技研发手段、途径、方法或设备转化为大学生创业的项目数与在校生人数的比例处于低的水平。

关于学校引用社会科研成果转化为创业项目数(问题24)，调查综合得分是40.0。说明全省高校引用社会科研成果转化为创业项目数程度较低，通过学校引用社会科研成果转化为大学生创业的项目数与在校生人数的比例处于较低的水平。

综合来看，相关科研成果转化综合得分为34.0，说明浙江省高校相关科研成果转化情况差，整体处于很低水平，令人担忧。

9.4.7 关于创业产业关联度

创业产业关联度综合分析结果，如图9-7所示。

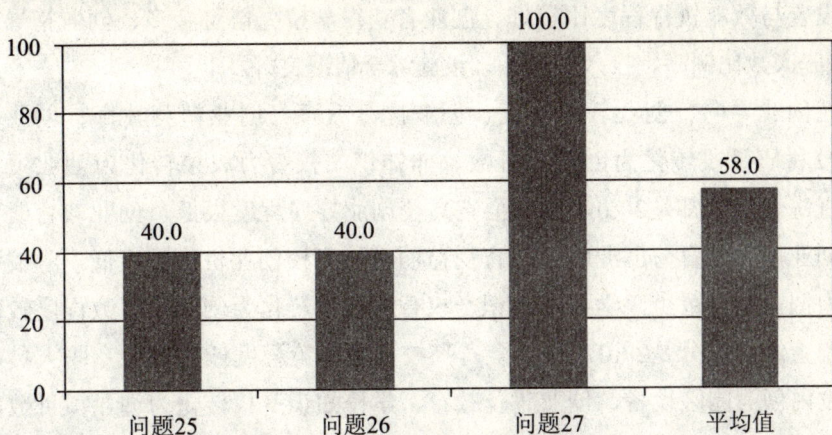

图9-7 创业产业关联度综合分析结果

从图9-7可以得出以下结论。

关于创业专业相关度(问题25),调查综合得分是40.0。说明全省高校创业专业相关度程度较低,大学生利用所学相同或相近专业创业项目数与在校生人数的比例处于较低水平。

关于创业与社会企业合作度(问题26),调查综合得分是40.0。说明全省高校创业与社会企业合作度程度较低,大学生同社会企业合作项目数及参与社会产业链活动的创业项目数与在校生人数比例处于较低水平。

关于创业带动就业度(问题27),调查综合得分是100.0。说明全省高校创业带动就业程度极高,大学生所创项目带动相同或相近专业学生就业数与在校生人数比例处于极高的水平。

综合来看,创业产业关联度综合得分为58.0,说明浙江省高校创业产业关联度处于中等水平。

💡 9.5 调查结果分析与建议

9.5.1 调查结果分析

浙江省高校在高校大学生创业环境条件中创业带动就业程度极高,创业技术指导机构设置与效能执行程度比较好、创业者获得学校无偿资金多、创业指导师自身教育(培训)人数比例高、投入有形基础设施综合情况良好。

但在创业导向、创业教育研究、创业提高教育、创业精英教育、创业机构程度、学校科研手段转化为创业项目数、非知识产权智力成果转化为创业项目数方面，调查综合得分都是20.0，说明全省高校创业导向程度很低，创业教育研究力度不够。创业提高教育与创业精英教育受益面窄，高校创业机构程度低，学校科研手段转化为创业项目数少，学校非知识产权智力成果转化为创业项目数程度较低；创业政策调查综合得分是27.0，说明全省高校创业政策程度低；创业专职人员、创业经费，校内创业园区设备、创业普及教育、学校知识产权转化为创业项目数、学校引用社会科研成果转化为创业项目数、学校引用社会科研成果转化为创业项目数程度较低、创业专业相关度、创业与社会企业合作度等调查综合得分都是40.0，说明全省高校创业专职人员程度较低，高校创业经费少，校内创业园区设备较落后，创业普及教育受益面较窄，学校知识产权转化为创业项目数程度较低，高校创业专业相关度程度较低，高校创业与社会企业合作程度较低；创业价值，调查综合得分是49.5，说明全省高校创业价值程度较低。对于以上的问题，高校需要引起足够重视，逐步加以解决。

9.5.2　建议

通过对调查资料的统计与分析，针对存在的问题提出以下一些建议。

(1) 提高校园创业文化建设。加大高校创业导向力度，积极引导学生将自主创业作为比较理想的职业选择，提高学生的创业热情，鼓励其踊跃投身大学生创业实践活动中，实现人生价值。通过榜样示范教育引导大学生开展自主创业。提高创业成功者的社会地位和威望，提升高校创业价值认可度。进一步提升学校创业宣传规格，增强高校创业氛围，塑造良好的校园创业文化环境。

(2) 完善学校创业政策与保障机制。迅速制定与完善高校创业政策，加快学校创业政策实施，从政策上保障大学生创业的顺利开展。健全高校创业技术指导机构设置与明确工作职责，逐步提高学校创业机构的执行效率。增加高校创业专职技术管理人数，提升创业专职人员与在校学生比例。加大对高校创业指导经费的投入，尽量满足学校大学生对创业指导经费的需求。迅速改善高校创业教育研究现状，加强开展高校创业教育专项研究，提升研究项目数量与层次等。

(3) 加大对创业教育与培训的投入力度。重视大学生创业普及教育，提升高校大学生创业教育普及率。加强对学校创业提高教育(培训)的经费投入。加快高校创业专职人员数量及素质的提升，增加投入，提高创业教育办学经费，做好高校大学生创业精英培训与创业精英人才的培育等。

(4) 增加有形基础设施投入。加大校园创业园区工作室投入资金比例，配备硬件设施。适当添置高校校外创业园区设备，提高校外创业工作室设备资金比例。进一步增加高校校内创业园区面积，加快高校校外创业基地建设，为高校大学生创业提供实践平台。

(5) 安排创业资金扶持。在保持与提升高校无偿支持学生自主创业资金或基金的基础上，加大力度动员大学生自主创业，并尽可能多地鼓励其自筹资金投入创业实践。通过学校向政府和社会争取帮助，获得更多社会无偿或有偿的资金支持，解决大学生自主创业资金困难的问题。

(6) 提升高校科研成果转化率。高校应加大力度将科技研发手段、途径、方法或设备转化为大学生创业项目的可用资源。进一步将自行研发的专利权、商标权、非专利技术及其他智力成果转化为大学生创业项目，提高学校知识产权转化率，引导大学生科技创业创新。

(7) 优化创业产业关联度。高校在引导大学生开展创业项目选择时，应尽量鼓励其贴合自身所学的相同或相近专业，以提升大学生自主创业成功率。深化高校与社会企业合作度，积极参与社会企业产业升级等实践活动，学习企业的创业技能、技巧。通过大学生自主创业，创造更多的就业岗位，带动更多相同或相近专业的高校毕业生与社会青年就业。

参考文献

[1] 刘士琴. 浅谈大学生创业环境[J]. 科技信息，2012(01).

[2] 郭必裕. 对构建大学生创业评价体系的思考[J]. 黑龙江高教研究，2003(04).

[3] 雷家骕. 国内外创新创业教育发展分析[J]. 中国青年科技，2007(05).

[4] 陈谷纲，朱慧，马声. 大学生创业环境评价体系的建立——基于专家问卷数据分析的指标重构[J]. 出国与就业(就业版)，2010(20).

第10章　大学生创业指导师资队伍质与量的观察报告

💡 10.1　主题

众所周知，专业指导师对大学生创业具有一定影响，为了充分了解专业指导师对大学生创业的指导情况与影响程度，科学、合理地考核、评价大学生创业专业指导队伍质与量的综合指标，我们从以下方面入手加以分析。主要观察创业指导师数量及其与创业学生的比例，专兼职创业指导师教育背景、专业技术与技能，专业教师对创业指导的时间，创业专业教师智力成果转化，以及创业学生对指导教师作用的评价等。

10.1.1　主题选择

高校创业指导师对创业学生的指导，在一定程度上决定了大学生创业的成功与否。根据创业指导师队伍质与量影响大学生创业的情况，主要设置了指导师数量、指导师教育背景、指导师专业技术与技能、师资培训与进修、智力成果转化、指导效果与评价六大指标。

10.1.2　大学生创业指导师资队伍质与量相关指标含义及重要概念汇总

在GEM的体系里，我们给出的大学生创业指导师队伍质与量的主要指标与含义如表10-1所示。

表10-1　创业指导师队伍质与量的主要指标与含义

指标	指标含义
指导师数量	高校大学生创业指导师数量与在校生的比重
指导师教育背景	高校大学生创业指导师教育程度等状况

(续表)

指标	指标含义
指导师专业技术与技能	高校大学生创业指导师专业技术与技能层次等状况
师资培训与进修	高校大学生创业师资参加培训(学习)与进修情况
智力成果转化	高校指导师将专利权、商标权等智力成果转化为大学生创业程度
指导效果与评价	高校大学生创业指导师指导学生创业成功率等状况的效果与评价

10.1.3 大学生创业指导师资队伍质与量相关指标讨论过程中的重要概念汇总

创业指导师队伍质与量讨论过程中的6个重要概念如表10-2所示。

表10-2 创业指导师队伍质与量讨论过程中的6个重要概念

概念	含义
校内兼职创业师资	这是指学校内部兼职创业专业教师数与在校生人数的比例
创业师资专业匹配	这是指符合大学生创业专业需要的专兼职创业专业教师人数与专兼职创业专业教师人数的比例相符(相关)度
双师型创业师资比重	这是指拥有两项以上专业技术职称(技能)专兼职创业专业教师人数与专兼职创业专业教师人数的比例
创业师资企业挂职	这是指校内专兼职创业专业教师到企业挂职学习(60课时以上)人数与在校生人数的比例
创业指导师获取合作创业项目	这是指专兼职创业专业教师获取合作创业项目数与在校生人数的比例
创业师资扶持初创团队	这是指专兼职创业专业教师扶持初创团队数与在校生人数的比例

10.2 大学生专业指导师资队伍质与量的指标体系

大学生创业专业指导师资队伍质与量的指标体系，如表10-3所示。

表10-3　大学生创业专业指导师资队伍质与量的指标体系

二级指标	权重	问题序号	三级指标	权重	指标内容	指标值	打分方法
指导师数量	0.25	1	专职创业师资	0.4	校内专职创业专业教师数与在校生人数的比例	100	1/20 000～1/10 000(含)，得20分；1/10 000～2/10 000(含)，得40分；2/10 000～3/10 000(含)，得60分；3/10 000～4/10 000，得80分；≥4/10 000，得100分
		2	校内兼职创业师资	0.3	校内兼职创业专业教师数与在校生人数的比例	100	0.05%～0.10%(含)，得20分；0.10%～0.15%(含)，得40分；0.15%～0.20%(含)，得60分；0.20%～0.25%，得80分；≥0.25%，得100分
		3	校外兼职创业师资	0.3	校外兼职创业指导师数与在校生人数的比例	100	0.01%～0.05%(含)，得20分；0.05%～0.06%(含)，得40分；0.06%～0.07%(含)，得60分；0.07%～0.08%，得80分；≥0.08%，得100分
教育背景	0.15	4	创业师资学历层次	0.3	专兼职创业专业教师拥有本科和研究生(学位)合计达到标准人数与专兼职创业专业教师人数的比例	100	60%～70%(含)，得20分；70%～80%(含)，得40分；80%～90%(含)，得60分；90%～100%，得80分；=100%，得100分
		5	创业师资专业匹配	0.4	符合大学生创业专业需要的专兼职创业专业教师人数与专兼职创业专业教师人数的比例相符(相关)度	100	40%～50%(含)，得20分；50%～60%(含)，得40分；60%～70%(含)，得60分；70%～80%，得80分；≥80%，得100分

(续表)

二级指标	权重	问题序号	三级指标	权重	指标内容	指标值	打分方法
教育背景		6	创业师资阅历	0.3	专兼职创业专业教师有企业创业(企业管理)经验人数与专兼职创业专业教师人数的比例	100	30%~40%(含),得20分；40%~50%(含),得40分；50%~60%(含),得60分；60%~70%,得80分；≥70%,得100分
专业技术与技能	0.15	7	创业师资专业技术职务	0.3	专兼职创业专业教师拥有中高级专业技术职务人数与专兼职创业专业教师人数的比例	100	20%~40%(含),得20分；40%~60%(含),得40分；60%~80%(含),得60分；80%~100%,得80分；=100%,得100分
		8	创业师资专业技能	0.2	专兼职创业专业教师拥有中高级专业技能人数与专兼职创业专业教师人数的比例	100	20%~40%(含),得20分；40%~60%(含),得40分；60%~80%(含),得60分；80%~100%,得80分；=100%,得100分
		9	中高级创业师资比重	0.3	符合大学生创业中高级专业技术(技能)需要的专兼职创业专业教师人数与专兼职创业专业教师人数的比例	100	20%~40%(含),得20分；40%~60%(含),得40分；60%~80%(含),得60分；80%~100%,得80分；=100%,得100分
		10	双师型创业师资比重	0.2	专兼职创业专业教师拥有两项以上专业技术职称(技能)人数与专兼职创业专业教师人数的比例	100	20%~40%(含),得20分；40%~60%(含),得40分；60%~80%(含),得60分；80%~100%,得80分；=100%,得100分

（续表）

二级指标	权重	问题序号	三级指标	权重	指标内容	指标值	打分方法
师资培训与进修	0.2	11	创业师资专业培训	0.4	校内专兼职创业专业教师参加指导师专业培训(18课时以上)人数与在校生人数的比例	100	0.005%～0.01%(含)，得20分；0.01%～0.02%(含)，得40分；0.02%～0.03%(含)，得60分；0.03%～0.04%，得80分，≥0.04%，得100分
		12	创业师资相关培训	0.3	校内专兼职创业专业教师参加各类与创业指导相关的培训人数与在校生人数的比例	100	0.1‰～0.5‰(含)，得20分；0.5‰～1‰(含)，得40分；1‰～1.5‰(含)，得60分；1.5‰～2‰，得80分；≥2‰，得100分
		13	创业师资企业挂职	0.3	校内专兼职创业专业教师到企业挂职学习(60课时以上)人数与在校生人数的比例	100	4/10 000～5/10 000(含)，得20分；5/10 000～6/10 000(含)，得40分；6/10 000～7/10 000(含)，得60分；7/10 000～8/10 000，得80分；≥8/10 000，得100分
智力成果转化	0.13	14	创业指导师智力成果转化	0.4	专兼职创业专业教师智力成果转化项目数与在校生人数的比例	100	0.1%～0.2%(含)，得20分；0.2%～0.3%(含)，得40分；0.3%～0.4%(含)，得60分；0.4%～0.50%，得80分；≥0.5%，得100分
		15	创业指导师获取资助	0.3	专兼职创业专业教师对接社会企业获取资金(基金)数额与在校生人数的比例	100	1:1～2:1(含)，得20分；2:1～3:1(含)，得40分；3:1～4:1(含)，得60分；4:1～5:1，得80分；≥5:1，得100分
		16	创业指导师获取合作创业项目	0.3	专兼职创业专业教师获取合作创业项目数与在校生人数的比例	100	0.05%～0.06%(含)，得20分；0.06%～0.07%(含)，得40分；0.07%～0.08%(含)，得60分；0.08%～0.09%，得80分；≥0.09%，得100分

（续表）

二级指标	权重	问题序号	三级指标	权重	指标内容	指标值	打分方法
指导效果与评价	0.12	17	创业师资扶持初创团队	0.3	专兼职创业专业教师扶持初创团队数与在校生人数的比例	100	10‰～12‰(含)，得20分；12‰～14‰(含)，得40分；14‰～16‰(含)，得60分；16‰～18‰，得80分；≥18‰，得100分
		18	创业师资辅导成功团队	0.3	专兼职创业专业教师辅导成功团队(持续6～42个月)数与在校生人数的比例	100	5‰～10‰(含)，得20分；10‰～15‰(含)，得40分；15‰～20‰(含)，得60分；20‰～25‰，得80分；≥25‰，得100分
		19	创业师资辅导团队获取经济效益	0.2	专兼职创业专业教师辅导创业团队获取经济效益数额(元)与在校生人数的比例	100	200:1～250:1(含)，得20分；250:1～300:1(含)，得40分；300:1～350:1(含)，得60分；350:1～400:1，得80分；≥400:1，得100分
		20	创业师资辅导团队获取社会效益	0.2	专兼职创业专业教师辅导创业团队为社会带动就业人数与在校生人数的比例	100	0.4%～0.5%(含)，得20分；0.5%～0.6%(含)，得40分；0.6%～0.7%(含)，得60分；0.7%～0.8%，得80分；≥0.8%，得100分

10.3 相关提问

10.3.1 主要问题

基于上述指标体系，设计了以下的问题。

(1) 专职创业师资；

(2) 校内兼职创业师资；

(3) 校外兼职创业师资；

(4) 创业师资学历层次；

(5) 创业师资专业匹配；

(6) 创业师资阅历；

(7) 创业师资专业技术职务；

(8) 创业师资专业技能；

(9) 中高级创业师资比重；

(10) 双师型创业师资比重；

(11) 创业师资专业培训；

(12) 创业师资相关培训；

(13) 创业师资企业挂职；

(14) 创业指导师智力成果转化；

(15) 创业指导师获取资助；

(16) 创业指导师获取合作创业项目；

(17) 创业师资扶持初创团队；

(18) 创业师资辅导成功团队；

(19) 创业师资辅导团队获取经济效益；

(20) 创业师资辅导团队获取社会效益。

10.3.2 问题的展开

基于上述指标体系，设计了以下20个问题。

(1) 学校全日制在校学生_____人，学校专职创业指导教师_____人。

(2) 学校兼职创业指导教师_____人。

(3) 校外兼职创业指导教师_____人。

(4) 学校专兼职创业指导教师中，本科及以上_____人。

(5) 学校专兼职创业指导教师中，与大学生专业相匹配的指导教师有_____人。

(6) 学校专兼职创业指导教师中，有企业创业(或企业管理)经验的教师有_____人。

(7) 学校创业指导教师中，有中高级职称的有_____人。

(8) 学校创业指导教师中，拥有中高级专业技能的有_____人。

(9) 学校创业指导教师中，符合大学生创业中高级专业技术(技能)需要的教师有_____人。

(10) 学校创业指导教师中，具备双项专业技能的教师有_____人。

(11) 校内创业专业教师参加指导师专业培训(18课时以上)的有_____人。

(12) 校内创业专业教师参加各类与创业指导相关培训的有_____人。

(13) 校内创业专业教师到企业挂职学习(60课时以上)的有_____人。

(14) 创业专业教师智力成果转化项目_____个。

(15) 创业专业教师对接社会企业获取资金(基金)数额达_____元。

(16) 创业专业教师获取合作创业项目_____个。

(17) 创业专业教师扶持初创团队_____个。

(18) 创业专业教师辅导成功团队(持续6~42个月)_____个。

(19) 创业专业教师辅导创业团队获取经济效益_____元。

(20) 创业专业教师辅导创业团队为社会带动就业，新增就业岗位_____个。

💡 10.4 调查结果汇总

10.4.1 关于指导师数量

指导师数量综合分析结果，如图10-1所示。

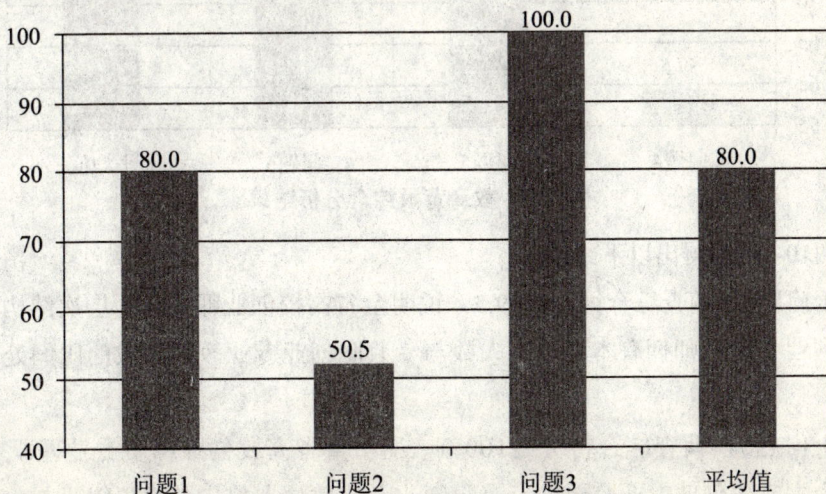

图10-1 指导师数量综合分析结果

从图10-1可以得出以下结论。

关于问题1，调查综合得分是80.0。说明全省高校专职创业师资数量多，师生比处于较高水平。

关于问题2，调查综合得分是50.5。说明全省高校校内兼职创业师资数量中等，师生比处于中等水平。

关于问题3，调查综合得分是100.0。说明全省高校校外兼职创业师资数量特别高，师生比处于极高水平。

通过平均值来看，指导师数量综合得分为80.0，说明浙江省高校大学生专业指导师数量较多，处于较高水平，总体情况良好。

10.4.2 关于教育背景

教育背景综合分析结果，如图10-2所示。

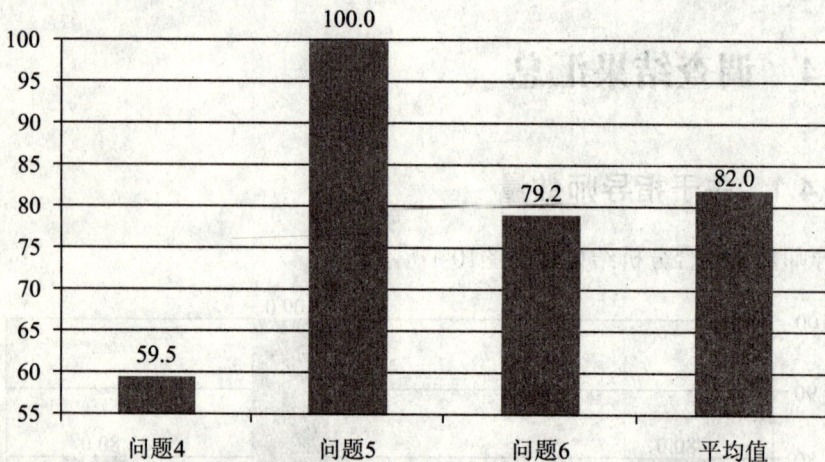

图10-2 教育背景综合分析结果

从图10-2可以得出以下结论。

关于问题4，调查综合得分是59.5。说明全省高校创业师资学历层次结构一般，专兼职创业专业教师拥有本科以上人数与专兼职创业专业教师人数的比例处于中等水平。

关于问题5，调查综合得分是100.0。说明全省高校创业师资专业匹配程度极高，符合大学生创业专业需要的专兼职创业专业教师人数与专兼职创业专业教师人数的比例处于极高的水平。

关于问题6，调查综合得分是79.2。说明全省高校创业师资阅历较丰富，专兼职创业专业教师有企业创业(企业管理)经验人数与专兼职创业专业教师人数的比例处于较高水平。

通过平均值来看，教育背景综合得分为82.0，说明浙江省高校教师的教育背景相关性较高，总体情况良好。

10.4.3　关于专业技术与技能

专业技术与技能综合分析结果，如图10-3所示。

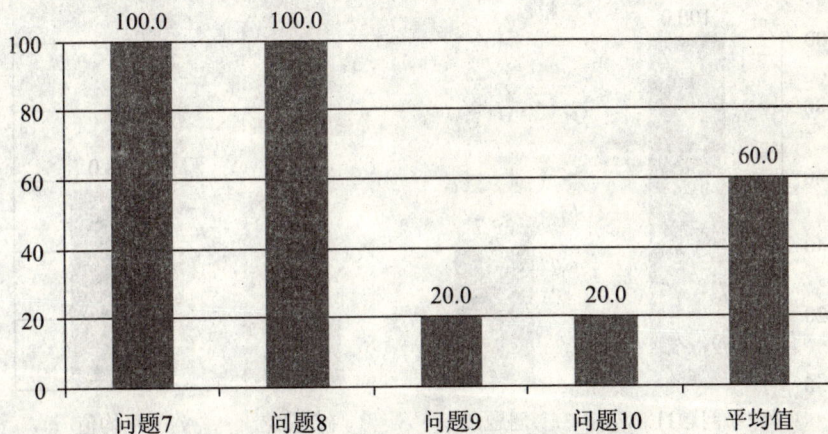

图10-3　专业技术与技能综合分析结果

从图10-3可以得出以下结论。

关于问题7，调查综合得分是100.0。说明全省高校创业师资专业技术职务程度很高，专兼职创业专业教师拥有中高级专业技术职务人数与专兼职创业专业教师人数的比例处于很高水平。

关于问题8，调查综合得分是100.0。说明全省高校创业师资专业技能程度很高，专兼职创业专业教师拥有中高级专业技能人数与专兼职创业专业教师人数的比例处于很高水平。

关于问题9，调查综合得分是20.0。说明全省高校中高级创业师资所占比重低，符合大学生创业中高级专业技术(技能)需要的专兼职创业专业教师人数与专兼职创业专业教师人数的比例处于低水平。

关于问题10，调查综合得分是20.0。说明全省高校双师型创业专业指导师资所占比重低，专兼职创业专业教师拥有两项以上专业技术职称(技能)人数与专兼职创业专业教师人数的比例处于低水平。

通过平均值来看，专业技术与技能综合得分为60.0，说明浙江省高校专兼职创业指导师资专业技术与技能情况一般，处于中等偏上水平。

10.4.4　关于师资培训与进修

师资培训与进修综合分析结果，如图10-4所示。

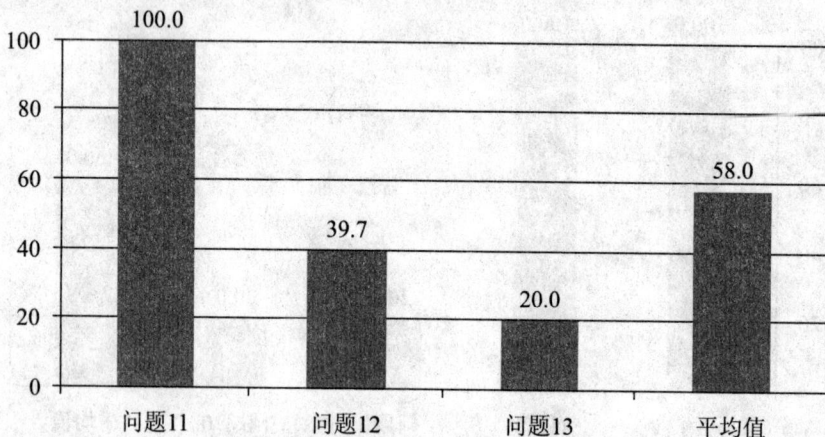

图10-4　师资培训与进修综合分析结果

从图10-4可以得出以下结论。

关于问题11，调查综合得分是100.0。说明全省高校校内专兼职创业师资专业培训次数很多，参加指导师专业培训(18课时以上)人数与在校生人数的比例处于很高的水平。

关于问题12，调查综合得分是39.7。说明全省高校创业师资相关培训次数较少，校内专兼职创业专业教师参加各类与创业指导相关的培训人数与在校生人数的比例处于较低水平。

关于问题13，调查综合得分是20.0。说明全省高校创业师资企业挂职情况少，校内专兼职创业专业教师到企业挂职学习(60课时以上)人数与在校生人数的比例处于较低水平。

通过平均值来看，师资培训与进修综合得分为58.0，说明浙江省高专兼职创业师资专业培训情况一般，总体处于中等水平。

10.4.5　关于智力成果转化

智力成果转化综合分析结果，如图10-5所示。

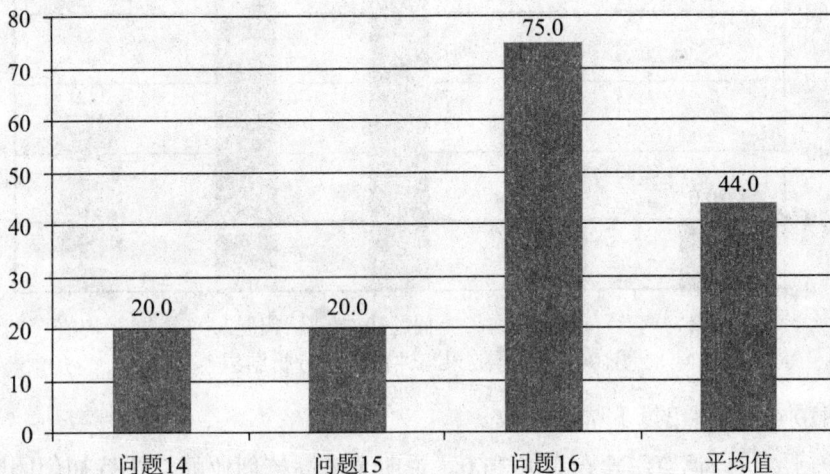

图10-5　智力成果转化综合分析结果

从图10-5可以得出以下结论。

关于问题14，调查综合得分是20.0。说明全省高校专兼职创业指导师智力成果转化程度低，专兼职创业专业教师智力成果转化项目数与在校生人数的比例处于低水平，情况不容乐观。

关于问题15，调查综合得分是20.0。说明全省高校专兼职创业指导师获取的资助少，专兼职创业专业教师对接社会企业获取资金(基金)数额与在校生人数的比例处于低水平，问题相当严重。

关于问题16，调查综合得分是75.0。说明全省高校专兼职创业指导师获取合作创业项目程度较高，专兼职创业专业教师获取合作创业项目数与在校生人数的比例处于较高水平，情况比较乐观。

通过平均值来看，智力成果转化综合得分为44.0，说明浙江省高校兼职创业指导师智力成果转化较差，处于较低水平，需要改进提升。

10.4.6 关于指导效果与评价

指导效果与评价综合分析结果，如图10-6所示。

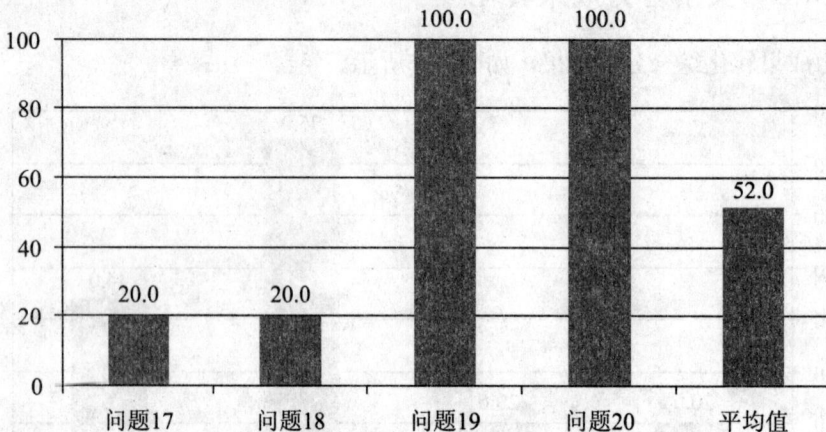

图10-6 指导效果与评价综合分析结果

从图10-6可以得出以下结论。

关于问题17，调查综合得分是20.0。说明全省高校创业师资扶持初创团队程度低，专兼职创业专业教师扶持初创团队数与在校生人数的比例处于低水平。

关于问题18，调查综合得分是20.0。说明全省高校创业师资辅导团队成功率低，专兼职创业专业教师辅导成功团队(持续6～42个月)数与在校生人数的比例处于低水平。

关于问题19，调查综合得分是100.0。说明全省高校创业师资辅导团队获取经济效益很高，专兼职创业专业教师辅导创业团队获取经济效益数额与在校生人数的比例处于很高水平，情况良好。

关于问题20，调查综合得分是100.0。说明全省高校创业师资辅导团队获取社会效益极高，专兼职创业专业教师辅导创业团队为社会带动就业人数与在校生人数的比例处于极高水平。

通过平均值来看，指导效果与评价综合得分为52.0，说明浙江省高校里指导效果与评价中等偏低，专兼职创业专业教师辅导创业团队整体水平有待提高。

💡 10.5 调查结果分析与建议

10.5.1 调查结果分析

全省高校创业师资专业技术职务、专业技能程度、校内专兼职创业师参加专业培训(18课时以上)人数比例、高校创业师资辅导团队获取经济效益等都很高；高校大学生专业指导师数量、教育背景综合得分高，总体情况良好；高校专兼职创业指导师获取合作创业项目程度、专兼职创业专业教师获取合作创业项目数均处于较高水平。

但全省高校创业师资企业挂职、中高级创业师资比重、高校双师型创业专业指导师资比重、专兼职创业专业教师拥有两项以上专业技术职称(技能)人数比例、专兼职创业专业教师对接社会企业获取资金(基金)数额比例、专兼职创业专业教师辅导成功团队(持续6～42个月)数比例得分都是20.0，说明校内专兼职创业专业教师到企业挂职学习人数少、高校专兼职创业指导师获取资助少、专兼职创业指导师智力成果转化程度低、两项以上专业技术职称(技能)人数不足、高校创业师资扶持初创团队程度低等问题极其严重。全省高校创业师资相关培训调查综合得分是39.7，说明全省高校内部专兼职创业专业教师参加各类与创业指导相关的培训人数比例处于较低水平，情况不容乐观。

10.5.2 建议

针对全省高校创业师资质与量存在的问题，提出以下建议。

(1) 适当增加高校兼职指导师数量。在稳定高校专职创业师资数量的前提下，通过各种手段，适当增加高校校内与校外兼职创业师资数量；提升高校兼职创业师资数量与在校学生人数的比例。

(2) 优化高校创业师资结构。迅速改变高校目前创业师资学历层次结构偏低状况，尽量满足符合大学生创业专业需要的专兼职创业专业教师人数比例。选派有企业创业(企业管理)经验的专兼职创业专业教师开展大学生创业教育活动。

(3) 提升兼职创业指导师资专业技能水平。在继续保持高校专职创业专业教师、专业技术职务人数比例较高水平前提下，提升专兼职创业专业教师的专业技术与技能，增加高校双师型创业专业指导师数量，提升双师型创业指导师资比重与兼职创业师资专业技术水平。

(4) 加强校内专兼职创业专业教师培训学习。针对高校创业师资相关培训次数较少的问题，高校应组织校内专兼职创业教师参加各类与创业指导相关的培训，鼓励校内专兼职创业专业教师到企业挂职学习，提高校内专兼职创业教师专业技术与技能的综合水平。

(5) 加速高校智力成果转化。扭转高校专兼职创业指导师智力成果转化程度较低的局面，通过高校和专兼职创业专业教师对接社会企业，获取资金(基金)资助，转化专兼职创业专业教师智力成果项目，提升大学生创业科技含量。

(6) 逐步提高创业指导效果。加强高校专兼职创业专业教师指导力度，加快指导与扶持初创团队数量提升速度。优化专兼职创业专业教师素质，提高辅导成功团队(持续6~42个月)数比例，为社会提供就业岗位，带动更多劳动力顺利就业。

参考文献

[1] 罗良忠. 中国大学生创业环境与政策问题研究[J]. 未来与发展，2007(07).

[2] 黄耀华，徐亮. 高校创业教育的新视角[J]. 南昌大学学报(人文社会科学版)，2003(11).

[3] 张鹏宇. 我国高校大学生创业问题研究[D]. 大连：东北财经大学，2010.

第11章 大学生创业教育理念的观察报告

💡 11.1　主题

11.1.1　主题选择

大学教育理念反映人们对大学教育内在本质的认识，对高校创业教育理念的量化思考将影响人们创业教育中最重要的评估活动。对浙江省大学生创业教育理念进行调查研究，有助于了解创业教育的深层内涵。

1998年召开的世界高等教育大会强调指出：高等教育主要培养创业技能与主动精神，毕业生将愈来愈不再仅仅是求职者，而首先将成为工作岗位的创造者。1999年联合国教育、科学及文化组织在发表的《21世纪的高等教育：展望与行动世界宣言》中提出：必须将创业技能和创业精神作为高等教育的基本目标。在我国，2002年4月，教育部确定了清华大学等9所高校为创业教育试点院校，开始实施创业教育。

在创业教育研究方面，美国的创业教育研究最成熟，杰弗里·蒂蒙斯教授是美国从事创业学教育的领军人物。他在创业管理、新企业创建、创业融资、风险投资、创新性课程开发等方面进行了系统的研究，并在百森商学院全面推行，在创业教育研究和实践方面作出突出贡献。斯坦福大学的创业教育更是美国创业教育的成功典范。创业教育概念方面，世界经济合作和发展组织专家柯林·博尔将创业教育总结为："创业教育是指通过开发和提高学生创业基本素质和创业能力的教育，使学生具备从事创业实践活动所必需的知识、能力及心理品质，是未来的人应掌握的'第三本教育护照'。"鉴于上述观点，大学创业教育理念可以表述为：以培养具有创业知识、创业能力和创业心理品质的人才为目标的教育理念。创业教育理念对创业教育的行为方式、运作方法以及教育效果起着决定性的作用。

我们将高职院校的创业教育理念评价指标设定为创业课程教学、创业实践教学和对创业成就或行为的支持三个方面。

1. 创业课程教学

创业课程教学包含两部分内容，分别是创业课程体系的完整性和创业课程的课时。其完整性是指以贯彻创业为导向的教育理念所表现出来的课程体系，主要从开设的课程量和课程系统性两方面来衡量。课时是指以贯彻创业为导向教育理念所表现出来的课程的课时量，分两个层次，一是各院校开设的普及性课时数；二是创业教育精英班的课时量。

2. 创业实践教学

创业实践教学是指组织学生参与创业竞赛、开展创造发明活动及试创业的频率。清华大学主办的"挑战杯"全国创业大赛就是典型的组织参与创业竞赛活动。这几年，地方政府越来越重视创业大赛，比如，温州市政府2011年举办了温州青年创业大赛，高职院校学生也是可以参加的。开展的创造发明活动可以以学校指导学生产生的发明创造成果申请的专利数为依据。另外，试创业频率是指小企业的创办情况，主要是指入驻学院创业园和其他初步成型的创业企业数量。

3. 对创业成就或行为的支持

对创业成就或行为的支持包含对创业有成就的学生给予必要的支持或表彰，对热衷于支持学生创业的教师予以支持或表彰。比如，针对创业有成就的学生，给予学校层面的奖励，同时帮助其申请"创业之星"等荣誉称号，教师方面也应给予一定的表彰鼓励。

11.1.2 大学生创业教育理念的基本概念

根据以上说明，创业教育理念评价指标可以概括为以下三个层面，如表11-1所示。

表11-1 创业教育理念评价指标关系

	二级指标	三级指标
创业教育理念评价	创业课程教学	创业课程体系的完整性
		创业课程的课时
	创业实践教学	创业计划竞赛
		开展发明创造活动
		试办小型企业量
	对创业成就或行为的支持	对创业有成就学生的支持或表彰
		对支持学生创业的教师的支持或表彰

大学生创业教育理念指标内涵，如表11-2所示。

表11-2 大学生创业教育理念指标内涵

序号	创业教育理念评价指标	内涵
1	创业教育理念	学校教育理念中以创业为导向的课程内容
2	创业实践教学	组织学生参与创业竞赛、开展创业发明活动及试创业的频率
3	对创业成就或行为的支持	对创业有成就的学生给予必要的表彰，对热衷于支持学生创业的教师予以理解与支持
4	创业课程体系的完整性	贯彻以创业为导向的教育理念从而表现出的创业教育课程体系的完整性
5	创业课程的课时	贯彻以创业为导向的教育理念从而表现出的创业教育课程的课时量。 (注：如无精英班，则可把两项内容归并，单记普及教育的课时量)
6	创业计划竞赛	是否经常开展创业计划竞赛
7	开展创造发明活动	是否经常开展创造发明活动
8	试办小型企业量	是否经常有小企业在试办
9	对创业学生的表彰	对创业有成就的学生给予必要的表彰
10	对支持学生创业的教师的表彰	对热衷于支持学生创业的教师予以理解与支持

11.2 大学生创业教育理念的指标体系

通过对以上概念的分析，我们汇总出大学生创业教育理念指标体系，如表11-3所示。

表11-3 大学生创业教育理念指标体系

二级指标	权重	问题序号	三级指标	权重	指标内容	指标值	打分方法
创业课程教学	0.4	1	创业课程体系的完整性	0.5	完整性的主观评价	20	使用4、8、12、16、20赋值。赋值小表示该指标的程度或可能性小；反之，赋值大表示该指标的程度或可能性大
					课程量	80	一门课程计20分，增加一门增计20分，≥4门计80分

(续表)

二级指标	权重	问题序号	三级指标	权重	指标内容	指标值	打分方法
创业课程教学		2	创业课程的课时	0.5	普及教育的课时量	50	每人年平均1课时，计10分；≥5课时，计50分
					精英班教育的课时量	50	同上
创业实践教学	0.4	3	创业计划竞赛	0.3	对频度的主观评价	100	使用20、40、60、80、100赋值。赋值小表示该指标的程度或可能性小；反之，赋值大表示该指标的程度或可能性大
		4	开展创造发明活动	0.3	对频度的主观评价	100	同上
		5	试办小型企业量	0.4	新办小企业的数量	100	同上
对创业成就或行为的支持	0.2	6	对创业学生的表彰	0.5	对频度的主观评价	100	同上
		7	对支持学生创业的教师的表彰	0.5	对频度的主观评价	100	同上

💡 11.3 相关提问

11.3.1 主要提问

(1) 创业课程体系的完整性；

(2) 创业课程的课时；

(3) 创业计划竞赛；

(4) 开展创造发明活动；

(5) 试办小型企业量；

(6) 对创业学生的表彰；

(7) 对支持学生创业的教师的表彰。

11.3.2 问题的展开

基于上述指标体系，本课题组设计了相应的提问，其具体内容如下所述。

(1) 学校创业教育课程体系完整。

□很同意　□同意　□一般　□不同意　□很不同意

(2) 学校创业教育普及班的年课时有＿＿＿节，精英班的年课时有＿＿＿节。

(3) 学校经常开展创业计划竞赛。

□很同意　□同意　□一般　□不同意　□很不同意

(4) 学校经常开展创造发明活动。

□很同意　□同意　□一般　□不同意　□很不同意

(5) 学校本年度新办小企业＿＿＿家。

(6) 学校对创业学生及时予以表彰。

□很同意　□同意　□一般　□不同意　□很不同意

(7) 学校对指导学生创业的老师及时予以表彰及给予较高的奖励。

□很同意　□同意　□一般　□不同意　□很不同意

11.4 调查结果汇总

11.4.1 关于创业课程教学

创业课程教学综合分析结果，如图11-1所示。

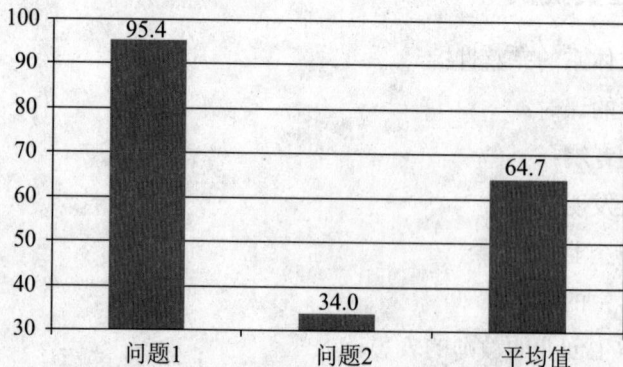

图11-1　创业课程教学综合分析结果

从图11-1可以得出以下结论。

关于问题1，调查得分为95.4，接近于满分，说明创业教育课程体系的完整性指标很好，处于较高水平。

关于问题2，调查得分为34.0，低于中值50.0，说明创业课程的课时指标差，处于低水平。

综合来看，创业课程教学的全省平均值为64.7，属于中等偏上，说明创业课程教育指标一般偏上。但问题2的调查得分偏低，说明创业课程的课时并不多，仅处于低水平。

11.4.2 关于创业实践教学

创业实践教学综合分析结果，如图11-2所示。

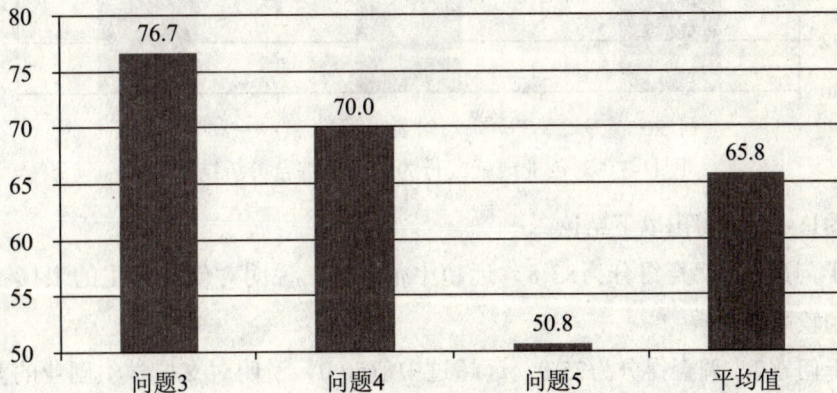

图11-2 创业实践教学综合分析结果

从图11-2可以得出以下结论。

关于问题3，调查得分为76.7，远超过中值50.0，说明创业计划竞赛指标较好，处于较高水平。

关于问题4，调查得分为70.0，远超过中值50.0，说明开展创造发明活动指标较好，处于较高水平。

关于问题5，调查得分为50.8，约等于中值50.0，说明试办小型企业量指标一般，仅处于中等水平。

综合来看，创业实践教学的全省平均值为65.8，远超中值50.0，说明创业实践教学指标偏高。

11.4.3　关于对创业成就或行为的支持

对创业成就或行为的支持综合分析结果，如图11-3所示。

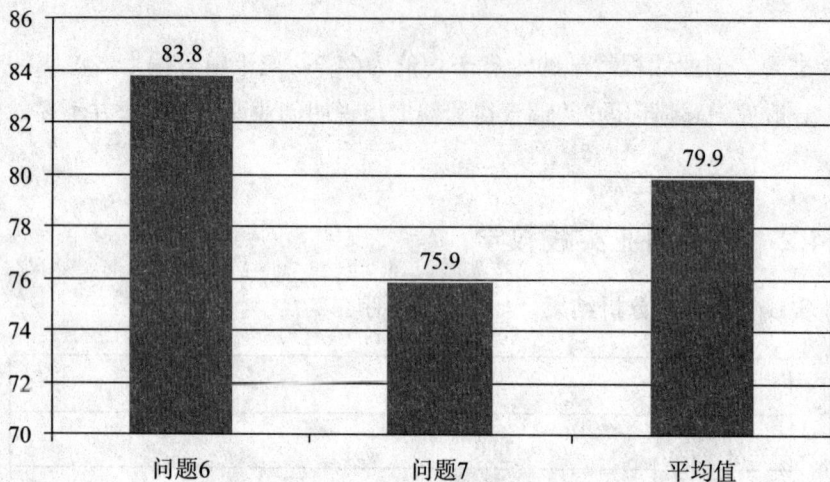

图11-3　对创业成就或行为的支持综合分析结果

从图11-3可以得出以下结论。

关于问题6，调查得分为83.8，远超中值50.0，说明对创业学生的表彰指标很好，达到较高水平。

关于问题7，调查得分为75.9，远超过中值50.0，说明对支持学生创业的教师的表彰指标很好，达到较高水平。

综合来看，对创业成就或行为的支持的全省平均值为79.9，远超于中值50.0，说明对创业成就或行为的支持指标很好。

11.5　调查结果分析与建议

11.5.1　创业课程教学

综合来看，创业课程教学的全省平均值为64.7，明显超过中值50.0。但问题2创业课程的课时指标差，调查得分为34.0，远低于中值50.0，说明创业课程量不足，仅处于低水平，需要作根本性改变。

11.5.2　创业实践教学

综合来看，创业实践教学的全省平均值为65.8，远超中值50.0，说明创业实践教学指标中偏上。其中，试办小型企业量指标一般，调查得分为50.8，仅处于中等水平。建议各大院校尽可能多地秉承试错精神，最大限度地为创业提供实验场所。

11.5.3　对创业成就或行为的支持

综合来看，对创业成就或行为的支持的全省平均值为79.9，远超中值50.0，说明对创业成就或行为的支持指标很好，各项都令人满意。

参考文献

[1] 席升阳. 我国大学创业教育的理论与实践研究[D]. 武汉：华中科技大学，2007.

[2] 魏丽波. 基于创业教育理念下的高职院校实践教学体系研究[D]. 长春：吉林农业大学，2007.

[3] 李蓉. 创业绩效的结构模型与效用评价研究[D]. 杭州：浙江大学，2007.

[4] 吕贵兴. 高校创业教育评价指标体系构建研究[J]. 潍坊学院学报，2010(2).

[5] 黄志纯，刘必千. 关于构建高职生创新创业教育评价体系的思考[J]. 教育与职业，2007(10).

第12章　大学生创业创新特色的观察报告

12.1 主题

随着普通高等学校大学生创业教育如火如荼地开展，"如何评价普通高等学校大学生创业教育成效"这一问题显现在高等学校管理者的面前。这里，我们通过对大学生创业过程中的创新特色进行定义、评价与统计分析，对本科院校和高职高专院校的创业创新特色进行对比，以期揭示浙江省大学生创业的创新特色，为浙江省大学生创业指数研究提供支持。

12.1.1 主题选择

以创新为前提的创业活动一直是人们前进的主要方向。如何评价大学生创业与创业教育活动中的创新特色，自然就成了大学生创业评价中有待探索的内容。一个学校对于机会型创业企业支持特色、对高成长型创业企业的政策倾斜、从政策上表现出来的对知识产权的重视程度、对新型创业模式的关注程度是其创业教育活动中是否具有创新特色的主要标志。观察大学生创业创新特色是探讨创业企业活动的质的要点。

12.1.2 大学生创业创新特色相关指标含义及重要概念汇总

在GEM的体系里，机会型创业指的是为了追求一个商业机会而从事创业的创业活动；高成长型创业企业指的是企业在效益的提升、规模的扩大，即质与量的发展方面程度较高。通过大量企业发展的实践观察，以及对企业管理理论的研究发现，决定企业成长性的主要因素包括5个方面：管理团队、自主创新能力、赢利模式、所处行业和外部宏观经济环境。基于以上，我们给出的大学生创业创新特色的主要指标与含义，如表12-1所示。

表12-1　大学生创业创新特色的主要指标与含义

指标	指标含义
对于机会型创业企业支持特色	创业课程中有无关于创业商机的独立教学模块，且是否有考虑机会型创业项目入驻学校大学生创业园
对高成长型创业企业的政策倾斜	是否对入驻大学生创业园的项目进行定期业绩考核，且是否为高成长型创业项目加配资源
从政策上表现出来的对知识产权的重视程度	是否开展知识产权知识教育，且是否对申请知识产权的大学生项目有专门补助或奖励
对新型创业模式的关注	创业课程中有无关于创业模式创新的独立教学模块，且是否开展新型创业模式知识教育

创业创新特色讨论过程中的4个重要概念，如表12-2所示。

表12-2　创业创新特色讨论过程中的4个重要概念

概念	含义
机会型创业	为了追求一个商业机会而从事创业的创业活动
高成长型创业企业	企业在效益的提升、规模的增长，即质与量的发展方面程度较高
知识产权	权利人对其所创作的智力劳动成果所享有的专有权利
创业模式	创业者为保障自身的创业理想与权益，对各种创业要素进行的合理搭配。即创业的组织形式、创业的方式确定、创业的行业选择组成了创业模式

12.2　大学生创业创新特色的指标体系

大学生创业创新特色的指标体系，如表12-3所示。

表12-3　大学生创新特色指标体系

二级指标	权重	问题序号	三级指标	权重	指标内容	指标值	评分标准
对于机会型创业支持特色	0.25	1	创业课程中有无关于创业商机的独立教学模块	0.8	创业课程的课时数	100	达到4课时，得90分；达到3课时，得80分；达到2课时，得70分；达到1课时，得60分；大于4课时，得100分；小于1课时，得0分

(续表)

二级指标	权重	问题序号	三级指标	权重	指标内容	指标值	评分标准
对于机会型创业支持特色		2	是否有考虑机会型创业项目入驻学校大学生创业园	0.2	是或否	100	是，得100分；否，得0分；不确定得50分
对高成长型创业企业的政策倾斜	0.25	3	是否对入驻大学生创业园的项目进行定期业绩考核	0.5	对入驻大学生创业园的项目进行定期业绩考核的程度	100	有定期业绩评定，得50分；有定期基于业绩的退园制度，得30分；定期对业绩出色企业给予表彰和奖励，得20分
		4	是否为高成长型创业项目加配资源	0.5	为高成长型创业项目加配资源的状况	100	为高成长型企业提供过融资支持，得50分；有为高成长型企业提供融资支持的制度，得30分；可以为高成长型企业配备导师的，得20分
政策上表现出的对知识产权的重视程度	0.25	5	是否开展知识产权知识教育	0.7	开展知识产权知识教育的状况	100	一年内专门开设过知识产权相关课程的，得70分；一年内举办过知识产权相关讲座的，得30分
		6	是否对申请知识产权的大学生项目有专门补助或奖励	0.3	是否有专门补助或奖励	100	有，得100分；无，得0分；不确定得50分
对新型创业模式的关注	0.25	7	创业课程中有无关于创业模式创新的独立教学模块	0.6	创业课程的课时数	100	达到4课时，得90分；达到3课时，得80分；达到2课时，得70分；达到1课时，得60分；大于4课时，得100分；小于1课时，得0分
		8	是否开展新型创业模式知识教育	0.4	开展新型创业模式知识教育的状况	100	一年内专门开设过创业模式创新相关课程的，得70分；一年内举办过创业模式创新相关讲座的，得30分

💡 12.3　相关提问

12.3.1　主要问题

基于上述指标体系，设计了下述8项问题。

(1) 创业课程中有无关于创业商机的独立教学模块。

(2) 是否有考虑机会型创业项目入驻学校大学生创业园。

(3) 是否对入驻大学生创业园的项目进行定期业绩考核。

(4) 是否为高成长型创业项目加配资源。

(5) 是否开展知识产权知识教育。

(6) 是否对申请知识产权的大学生项目有专门补助或奖励。

(7) 创业课程中有无关于创业模式创新的独立教学模块。

(8) 是否开展新型创业模式知识教育。

12.3.2　问题的展开

针对上述8项问题，本课题组设计了相应的提问，其具体内容如下所述。

(1) 学校大学生创业相关课程中，有关"创业商机"的独立教学模块课时数为＿＿＿＿节。

(2) 学校创业相关课程中，有关"创业模式创新"的独立教学模块课时数为＿＿＿＿节。

(3) 学校是否建立了对高成长性创业项目提供融资支持的制度。

□是　□否　□不确定

(4) 学校是否对高成长性创业项目提供过融资支持。

□是　□否　□不确定

(5) 学校是否对高成长性创业项目配备指导教师。

□是　□否　□不确定

(6) 近一年内，学校是否开设过知识产权方面的相关课程。

□是　□否　□不确定

(7) 近一年内，学校是否举办过知识产权方面的相关讲座。

□是　□否　□不确定

(8) 对申请知识产权的大学生项目学校有无专门的补助或奖励。

□是　□否　□不确定

(9) 近一年内，学校是否开设过创业模式创新方面的相关课程。

□是　□否　□不确定

(10) 近一年内，学校是否举办过创业模式创新方面的相关讲座。

□是　□否　□不确定

(11) 创业园是否只考虑机会型创业项目入驻。

□是　□否　□不确定

(12) 是否对入驻的大学生创业项目进行定期业绩评定。

□是　□否　□不确定

(13) 是否建立了基于业绩的入驻大学生创业项目退园制度。

□是　□否　□不确定

💡 12.4　调查结果汇总

12.4.1　关于对机会型创业支持特色

对于机会型企业创业支持特色的综合分析结果，如图12-1所示。

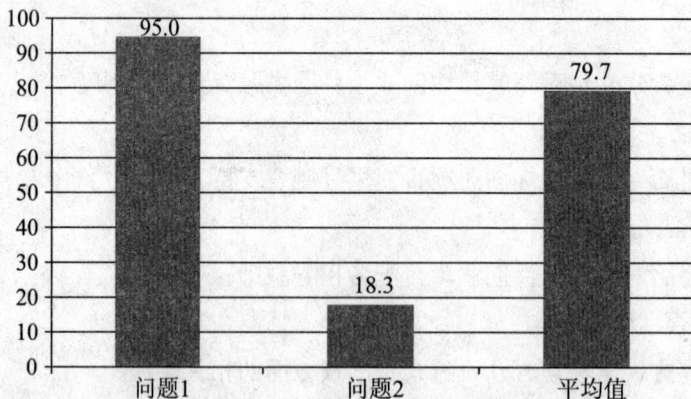

图12-1　对于机会型企业创业支持特色的综合分析结果

从图12-1可以得出以下结论。

关于问题1，调查得分为95.0，接近于满分，说明创业课程中关于创业商机的独立教学模块得到很高评价。

关于问题2，调查得分为18.3，属于很差，说明对机会型创业项目入驻学校大学生创业园的支持力度远远不够。

综合来看，虽然机会型创业项目入驻学校大学生创业园的支持力度远远不够，但因相对权数低，所以对于机会型创业支持特色的全省平均值仍为79.7，说明全省高校对于机会型创业支持特色较为明显。

12.4.2　关于对高成长型创业企业的政策倾斜

对高成长型创业企业的政策倾斜综合分析结果，如图12-2所示。

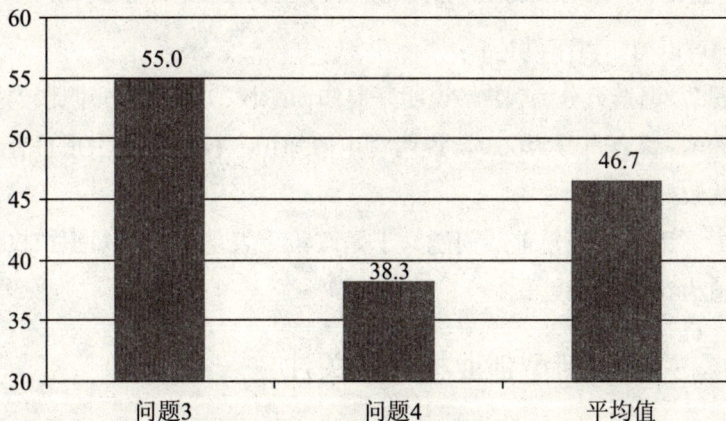

图12-2　对高成长型创业企业的政策倾斜综合分析结果

从图12-2可以得出以下结论。

关于问题3，调查得分为55.0，属于中等，说明对入驻大学生创业园的项目进行定期业绩考核程度一般。

关于问题4，调查得分为38.3，属于较差，说明为高成长型创业项目加配资源的程度比较差。

综合来看，对高成长型创业企业的政策倾斜程度的全省平均值为46.7，说明对高成长型创业企业的政策倾斜程度不够理想。

12.4.3　关于政策上表现出的对知识产权的重视程度

政策上表现出的对知识产权的重视程度的综合分析结果，如图12-3所示。

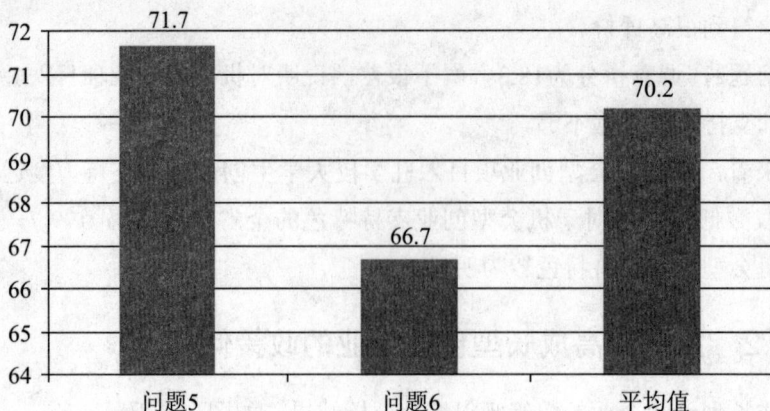

图12-3　政策上表现出的对知识产权的重视程度的综合分析结果

从图12-3可以得出以下结论。

关于问题5，调查得分为71.7，说明开展知识产权知识教育程度比较好。

关于问题6，调查得分为66.7，说明对申请知识产权的大学生项目有专门补助或奖励的程度比较好。

综合来看，因权数偏重前一问题，于是政策上表现出的对知识产权的重视程度的全省平均值为70.2，比较好。

12.4.4　关于对新型创业模式的关注

关于对新型创业模式的关注的调查结果，如图12-4所示。

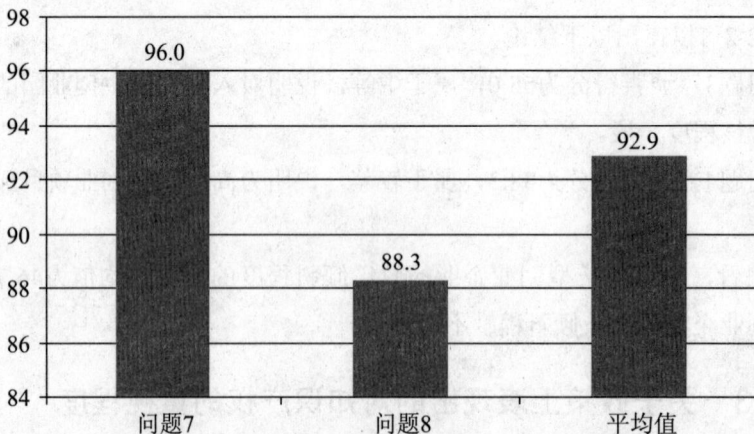

图12-4　关注新型创业模式综合分析结果

从图12-4可以得出以下结论。

关于问题7，调查得分为96.0，说明创业课程中关于创业模式创新的独立教学模块非常多。

关于问题8，调查得分为88.3，说明开展新型创业模式知识教育的状况良好。

综合来看，对新型创业模式的关注的全省平均值为92.9，说明对新型创业模式非常关注。

💡 12.5 调查结果分析与建议

浙江省高校对于机会型创业支持特色比较好，在政策上表现出的对知识产权的重视程度也比较高，关注新型创业模式。

对高成长型创业企业的政策倾斜程度比较差，为高成长型创业项目加配资源调查得分为38.3，属于程度较差一类。另外，对机会型创业项目入驻学校大学生创业园的支持力度远远不够，调查得分为18.3，这是需要引起注意的。

根据调查结论，我们对改善浙江省大学生创业创新特色状况提出以下建议。

(1) 加强对高成长型创业企业的政策倾斜，给予资源方面的支持。

(2) 增加对机会型创业项目入驻学校大学生创业园的支持力度。

参考文献

[1] 彭小媚，陈祖新. 大学生创业模式探讨[J]. 中国高新技术企业，2008(1).

[2] 胡经生，蔡慧. 企业成长性、自主创新与创业板市场[J]. 中国金融，2009(8).

[3] 段瑞春. 创新型企业：知识产权与品牌战略[J]. 中国软科学，2005(12).

第13章　大学生创业绩效的观察报告

💡 13.1　主题

在当前我国大学生就业形势持续严峻的背景下，"大学生自主创业"受到了大学生的青睐，也得到了政府的肯定和支持。尽管选择自主创业的大学生越来越多，但是成功创业者所占的比例却相当低。因此，全面分析大学生创业绩效并构建大学生创业绩效的评估指标体系，进而有针对性地提出建设性的建议和对策，对帮助大学生摆脱创业窘境，提高大学生自主创业信心具有十分重要的意义。

13.1.1　主题选择

虽然创业绩效较多地作为变量出现在大量的创业实证文献中，但部分研究者在进行创业绩效评价时，往往根据研究目的选择评价指标，这样的选择缺少充分的指标选取理由和理论依据。事实上，对于专门研究大学生创业绩效评价的相关文献更是少之又少，我们的可借鉴范围被进一步缩小。这里，我们选择财务绩效和非财务绩效来测度大学生的创业绩效。财务绩效用来测量企业的经济效益；非财务绩效用来测量企业的社会效益。财务绩效指标包括利润增长率、销售收入增长率、总资产收益率、投资回报率、销售利润率等。非财务绩效包括顾客忠诚度、公司成长性、员工承诺度、社会效益等。

13.1.2　大学生创业绩效的相关概念

利润增长率=(本年度利润−上年度利润)÷上年度利润×100%。

销售收入增长率=(本期期末销售收入金额−去年同期销售收入金额)

÷去年同期销售收入金额×100%。

总资产收益率=净利润÷平均资产总额(年初资产总额+年末资产总额)

÷2×100%。

投资回报率=年利润或年均利润÷投资总额×100%。

销售利润率=利润÷营业收入×100%。

顾客忠诚度指顾客忠诚的程度，是一个量化概念。顾客忠诚度是指由于受质量、价格、服务等诸多因素的影响，顾客对某一企业的产品或服务产生感情、形成偏爱，并长期重复购买该企业产品或服务的程度。

公司成长性是指公司发展的潜力和趋势。成长性既是公司发展所追求的核心目标，也是推动国民经济持续发展的主要动力，还是衡量上市公司经营状况和发展前景的一项重要指标。公司的成长性主要通过销售收入、利润、净产值和总资金等财务指标得以体现。

员工承诺度，是指员工留在公司的意愿，员工是否以公司为荣，是否认为公司会愈变愈好，是否对公司的长期成功有信心，是否愿意付出额外的时间与心力完成客户或主管交办的事项等。

社会效益，是指大学生创业带动就业的情况，对创业氛围的促进、对人才的吸纳等。

13.2　大学生创业绩效的指标体系

大学生创业绩效的指标体系，如表13-1所示。

表13-1　大学生创业绩效指标体系

二级指标	权重	问题序号	三级指标	权重	指标内容	指标值	计分方法
财务绩效	0.6	1	利润增长率	0.2	本年度利润与上年度利润总额的比率减1	100	0～1%(含)，得20分；1%～10%(含)，得40分；10%～20%(含)，得60分；20%～30%，得80分；≥30%，得100分
		2	销售收入增长率	0.2	本年度销售收入与上年度销售收入的比率减1	100	同上
		3	总资产收益率	0.2	净利润占平均资产总额的百分比	100	同上

（续表）

二级指标	权重	问题序号	三级指标	权重	指标内容	指标值	计分方法
财务绩效		4	投资回报率	0.2	年均利润占投资总额的百分比	100	同上页
		5	销售利润率	0.2	利润总额占营业收入的百分比	100	同上
非财务绩效	0.4	6	顾客忠诚度	0.25	顾客偏爱并长期重复购买企业产品或服务的程度	100	五级制量表打分，赋值小表示该指标所代表的事实存在的可能性小；反之，赋值大表示该指标所代表的事实存在的可能性大。最高赋值100分，其余按比例缩小
		7	公司成长性	0.25	公司规模扩大	50	同上
					公司创新能力的增强	50	同上
		8	员工承诺度	0.25	员工对企业的感情承诺	40	同上
					员工对企业的继续承诺	30	同上
					员工对企业的规范承诺	30	同上
		9	社会效益	0.25	创业带动的就业人数占在校生人数的比例(1/10 000)	40	0≤比例<10，得5分；10≤比例<20，得10分；20≤比例<30，得20分；30≤比例<40，得30分；40≤比例，得40分
					对创业氛围的影响	30	五级制量表打分，赋值小表示该指标所代表的事实存在的可能性小；反之，赋值大表示该指标所代表的事实存在的可能性大。最高赋值30分，其余按比例缩小
					对人才的吸纳	30	同上

💡 13.3 相关提问

13.3.1 主要问题

基于上述指标体系，课题组设计了相应问题，其具体内容如下所述。

(1) 公司的利润增长率、销售收入增长率、总资产收益率、投资回报率、销售利润率各是多少。

(2) 顾客对我们公司的信任程度如何。

(3) 与主要的竞争对手相比，公司总资产增长速度如何。

(4) 与主要的竞争对手相比，公司开发的新产品或服务如何。

(5) 员工对公司的归属感如何。

(6) 员工的待遇如何。

(7) 员工为公司服务的责任感如何。

(8) 成功创业影响本校创业氛围的程度如何。

(9) 创业成功对吸纳更多人才的影响程度如何。

(10) 创业带动的就业人数占在校生人数的比例是多少。

13.3.2 问题的展开

针对上述10项问题，本课题组设计了相应的提问，其具体内容如下所述。

(1) 你公司的利润增长率是＿＿％。

(2) 你公司的销售收入增长率是＿＿％。

(3) 你公司的总资产收益率是＿＿％。

(4) 你公司的投资回报率是＿＿％。

(5) 你公司的销售利润率是＿＿％。

(6) 总的来说，顾客对我们公司非常信任。

□很同意　□同意　□一般　□不同意　□很不同意

(7) 与主要的竞争对手相比，公司总资产增长速度快很多。

□很同意　□同意　□一般　□不同意　□很不同意

(8) 与主要的竞争对手相比，公司开发的新产品或服务多很多。

□很同意　□同意　□一般　□不同意　□很不同意

(9) 员工觉得对公司有强烈的归属感。

☐很同意　☐同意　☐一般　☐不同意　☐很不同意

(10) 员工留在公司，会享有很好的待遇。

☐很同意　☐同意　☐一般　☐不同意　☐很不同意

(11) 员工认为对公司忠诚非常重要，因此感到有为公司服务的责任。

☐很同意　☐同意　☐一般　☐不同意　☐很不同意

(12) 学校全日制在校学生＿＿＿＿人，学校全年大学生所创项目带动学生就业数＿＿＿＿人。

(13) 成功创业深刻影响本校的创业氛围。

☐很同意　☐同意　☐一般　☐不同意　☐很不同意

(14) 创业成功有助于吸纳更多人才留在本地。

☐很同意　☐同意　☐一般　☐不同意　☐很不同意

13.4　调查结果汇总

13.4.1　关于财务绩效

财务绩效综合分析结果，如图13-1所示。

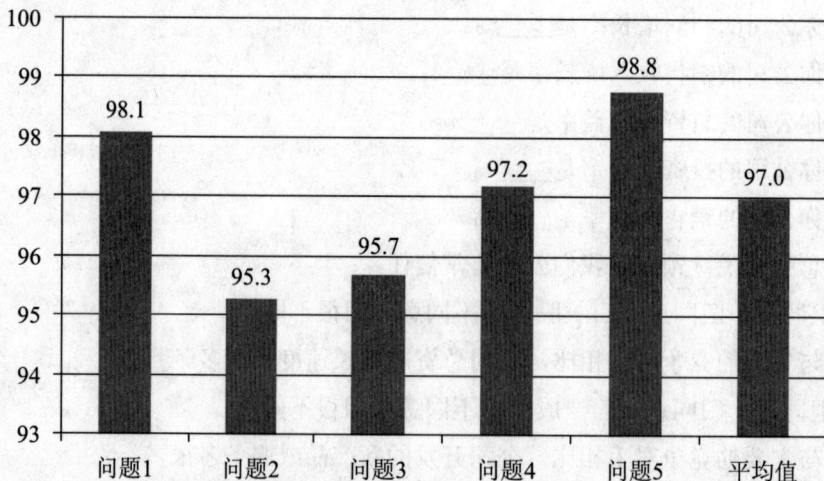

图13-1　财务绩效综合分析结果

从图13-1可以得出以下结论。

关于问题1～问题5，调查得分均在90分以上，说明利润增长率、销售收入增长率、总资产收益率、投资回报率、销售利润率均处于理想水平。

综合来看，财务绩效的全省平均值为97.0，说明浙江省大学生创业财务绩效处于理想水平。

13.4.2　关于非财务绩效

非财务绩效综合分析结果，如图13-2所示。

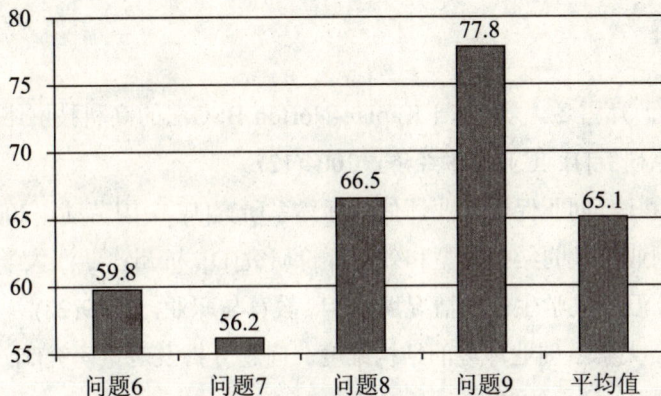

图13-2　非财务绩效综合分析结果

从图13-2可以得出以下结论。

关于问题6，调查得分为59.8，说明顾客忠诚度一般。

关于问题7，调查得分为56.2，说明公司成长性一般。

关于问题8，调查得分为66.5，说明员工承诺度比较高。

关于问题9，调查得分为77.8，说明社会效益比较高。

综合来看，非财务绩效的全省平均值为65.1，说明浙江省大学生非财务绩效比较高。

💡 13.5　调查结果分析与建议

13.5.1　调查结果分析

关于问题1～问题5，利润增长率、销售收入增长率、总资产收益率、投资回报率、销售利润率均处于很理想水平。但这个调查结果总体偏高，可能是由于打分标准过低，因此，应该对评估标准进行适当调整。例如，调整后的打分标准为：0～10%(含)，得20分；10%～20%(含)，得40分；20%～30%(含)，得60分；30%～40%，得80分；≥40%，得100分。

13.5.2 建议

提高大学生创业的非财务绩效，具体体现为，提高顾客忠诚度、提高公司成长性；进一步提高员工承诺度和创业企业的社会效益。

参考文献

[1] 姚梅芳，郑雪冬，等. 基于Kaplan-Norton BSC法的高科技网络及软件创业企业绩效评价体系研究[J]. 工业技术经济，2004(12).

[2] 冯政，翟涛. 创业促进就业评估指标体系研究[J]. 中国劳动，2006(6).

[3] 李蓉. 创业绩效的结构模型和效用评价研究[D]. 杭州：浙江大学，2007.

[4] 卢丽琼. 温州大学生创业情况调查[J]. 教育与职业，2009(22).

[5] 苏益南. 大学生创业环境的结构维度、问题分析及对策研究[J]. 徐州师范大学学报(哲学社会科学版)，2009(6).

[6] 文亮. 基于平衡计分卡的创业绩效评价方法探析[J]. 企业家天地，2010(3).

[7] 刘兰剑. 大学生创业政策评价体系研究[J]. 厦门理工学院学报，2011(3).

附　录

附录A　创业指数统计分析方法概述

创业指数的统计分析方法有：描述分析方法、参数估计方法、综合评价方法。

描述分析方法

一般而言，描述分析可以从两个大的方面进行测度和描述：一是数据分布的集中趋势，反映各个数据向其中心集中的程度；二是数据分布的离散程度，反映各个数据向其中心远离的趋势。

1. 集中趋势测度

1) 算术平均数

如果收集的数据未经过整理分组，那么采用简单算术平均数，其计算公式为

$$\overline{x} = \frac{x_1 + x_2 + \ldots + x_n}{n} \tag{1-1}$$

其中，$\overline{x}$表示算术平均数，$x_i(i=1, 2, \cdots, n)$表示各个数据，n表示数据个数。

如果收集的数据已经整理分组，那么采用加权算术平均数，其计算公式为

$$\overline{x} = \frac{x_1 f_1 + x_2 f_2 + \cdots + x_k f_k}{f_1 + f_2 + \cdots + f_k} \tag{1-2}$$

其中，$\overline{x}$表示算术平均数，$x_i(i=1, 2, \cdots, k)$表示各个数据(或第k组的组中值)，$f_i(i=1, 2, \cdots, k)$表示数据x_i的次数(或第i组的数据个数)，k表示分组个数。

2) 众数

众数是指所有数据中出现次数最多的那个数据。

3) 中位数

中位数是指将所有数据按大小顺序排列，处于最中间的那个数据。如果最中间有两个数据，则取其平均数作为中位数。

2. 离散程度测度

1) 极差

极差是指所有数据中的最大值与最小值的差，其计算公式为

$$R = \max_{1 \leq i \leq n}\{x_i\} - \min_{1 \leq i \leq n}\{x_i\} \tag{1-3}$$

其中，R表示极差，$x_i(i=1，2，\cdots，n)$表示各个数据，n表示数据个数。

2) 方差与标准差

如果是总体方差，其计算公式为

$$\sigma^2 = \frac{1}{N}\sum_{i=1}^{N}\left(X_i - \bar{X}\right) \tag{1-4}$$

其中，N表示总体容量，$\bar{X}$表示总体平均数，$X_i(i=1，2，\cdots，N)$表示各个数据。

如果是样本方差，其计算公式为

$$s^2 = \frac{1}{n-1}\sum_{i=1}^{n}\left(x_i - \bar{x}\right) \tag{1-5}$$

其中，n表示样本容量，$\bar{x}$表示样本平均数，$x_i(i=1，2，\cdots，n)$表示各个数据。

方差的算术平方根称为标准差。总体标准差计算公式为

$$\sigma = \sqrt{\sigma^2} \tag{1-6}$$

样本标准差计算公式为

$$s = \sqrt{s^2} \tag{1-7}$$

3) 离散系数

离散系数的计算公式为

$$v_s = \frac{s}{\bar{x}} \tag{1-8}$$

其中，v_s表示离散系数，$\bar{x}$表示样本平均数，s表示样本标准差。

离散系数主要用于比较不同样本数据的离散程度。离散系数越大，说明该样本的离散程度越大；反之，离散系数越小，说明该样本的离散程度越小。

参数估计方法

1. 参数和参数估计的概念

所谓参数是指由总体所决定的数值，该数值能刻画总体某个方面的性质，是描述总体数量特征的指标，如总体均值和总体方差就是两个重要的参数。

参数估计是指通过从总体中抽出的样本，以它们为根据，对未知的参数进行估计。例如，调查某高校学生创业投入的资金数量，假定其服从正态分布N(μ, σ^2)，但总体的均值μ和方差σ^2是未知的，需要作出估计，这类问题就是参数估计。参数估计通常有两种方法：点估计和区间估计。

2. 点估计

当总体的分布形式已知时，从该总体中抽取一个样本，对未知参数作一个数据点的估计就是点估计。常用的参数点估计有以下几种。

(1) 用样本均值去估计总体均值：$\hat{\mu} = \overline{x}$。

(2) 用样本标准差去估计总体标准差：$\hat{\sigma} = s$。

(3) 用样本成数去估计总体成数：$\hat{P} = p$。

其中，$\hat{\mu}$、$\hat{\sigma}$、$\hat{P}$分别表示总体均值、总体标准差、总体成数的估计值，而$\overline{x}$、s、p分别表示样本均值、样本标准差、样本成数。

3. 区间估计

区间估计就是在已知参数服从某种分布的条件下，在一定的可靠程度下，指出被估计的总体参数的可能范围。

设在总体分布中含有一个未知参数θ，若由样本确定的两个估计量$\hat{\theta}_1$与$\hat{\theta}_2$，使得$P(\hat{\theta}_1 < \theta < \hat{\theta}_2) = 1-\alpha$，则区间$(\hat{\theta}_1, \hat{\theta}_2)$称为置信区间。其中，$\hat{\theta}_1$和$\hat{\theta}_2$分别称为置信区间的下限和上限；$\alpha$称为显著性水平，是事先给定的一个小的正数，一般设定为1%、5%或10%；$1-\alpha$称为置信度。例如，某高校创业学生人数θ满足$P(200 < \theta < 300) = 1-5\%$，则显著性水平为5%，置信度为95%，置信区间为(200，300)，说明该校创业学生人数在200～300人的可能性是95%。

1) 总体均值的区间估计

① 当总体方差σ^2已知时

总体均值μ的双侧区间估计的置信区间为

$$\left[\overline{x} - Z_{\alpha/2} \frac{\sigma}{\sqrt{n}}, \overline{x} + Z_{\alpha/2} \frac{\sigma}{\sqrt{n}} \right] \tag{2-1}$$

总体均值μ的单侧区间估计的置信区间为

$$\left[\overline{x} - Z_{\alpha} \frac{\sigma}{\sqrt{n}}, +\infty \right] 或 \left[-\infty, \overline{x} + Z_{\alpha} \frac{\sigma}{\sqrt{n}} \right] \tag{2-2}$$

其中，$\bar{x}$是样本均值，n为样本容量，$Z_{\alpha/2}$和Z_α为临界值，可以通过查标准正态分布表或者通过计算机(如Excel软件)得到(下同)。表1是正态分布下三个常用的显著性水平及其Z值。

表1　正态分布下三个常用的显著性水平及其Z值

显著性水平α	$Z_{\alpha/2}$值	Z_α值
1%	2.58	2.33
5%	1.96	1.65
10%	1.65	1.28

以上是在重复抽样的情况下作出的区间估计。如果是不重复抽样，则需要乘以一个修正系数$\sqrt{\dfrac{N-n}{N-1}}$(N为总体容量)，即，

总体均值μ的双侧区间估计的置信区间为

$$\left[\bar{x}-Z_{\alpha/2}\frac{\sigma}{\sqrt{n}}\sqrt{\frac{N-n}{N-1}},\ \bar{x}+Z_{\alpha/2}\frac{\sigma}{\sqrt{n}}\sqrt{\frac{N-n}{N-1}}\right] \tag{2-3}$$

总体均值μ的单侧区间估计的置信区间为

$$\left[\bar{x}-Z_{\alpha}\frac{\sigma}{\sqrt{n}}\sqrt{\frac{N-n}{N-1}},\ +\infty\right)或\left(-\infty,\ \bar{x}+Z_{\alpha}\frac{\sigma}{\sqrt{n}}\sqrt{\frac{N-n}{N-1}}\right] \tag{2-4}$$

② 当总体方差σ^2未知时

总体均值μ的双侧区间估计的置信区间为

$$\left[\bar{x}-t_{\alpha/2}(n-1)\frac{s}{\sqrt{n}},\ \bar{x}+t_{\alpha/2}(n-1)\frac{s}{\sqrt{n}}\right] \tag{2-5}$$

总体均值μ的单侧区间估计的置信区间为

$$\left[\bar{x}-t_{\alpha}(n-1)\frac{s}{\sqrt{n}},\ +\infty\right)或\left(-\infty,\ \bar{x}+t_{\alpha}(n-1)\frac{s}{\sqrt{n}}\right] \tag{2-6}$$

其中，$\bar{x}$是样本均值，s是样本标准差，n为样本容量，$t_{\alpha/2}(n-1)$，$t_\alpha(n-1)$为临界值。

2) 总体成数的区间估计

在重复抽样的情况下，总体成数P的双侧区间估计的置信区间为

$$(p-Z_{\alpha/2}\mu_p,\ p+Z_{\alpha/2}\mu_p) \tag{2-7}$$

在不重复抽样的情况下，总体成数P的双侧区间估计的置信区间为

$$\left[p - Z_{\alpha/2}\mu_p\sqrt{\frac{N-n}{N-1}}, p + Z_{\alpha/2}\mu_p\sqrt{\frac{N-n}{N-1}} \right] \tag{2-8}$$

其中，p 为样本成数，n 为样本容量 $[np \geq 5$ 且 $n(1-p) \geq 5]$。N 为总体容量，$Z_{\alpha/2}$ 为临界值，μ_p 为样本成数的标准差，其计算公式为

$$\mu_p = \sqrt{\frac{p(1-p)}{n}} \tag{2-9}$$

3) 总体方差的区间估计

在总体服从正态分布时，总体方差 σ^2 的置信区间为

$$\left[\frac{(n-1)s^2}{\chi^2_{\alpha/2}(n-1)}, \frac{(n-1)s^2}{\chi^2_{1-\alpha/2}(n-1)} \right] \tag{2-10}$$

其中，σ^2 为总体方差，s^2 为样本方差，$\chi^2_{\alpha/2}(n-1)$ 和 $\chi^2_{1-\alpha/2}(n-1)$ 均为临界值。

综合评价方法

多属性综合评价问题的一般描述为：有 m 个样品 P_1，P_2，$\cdots$，P_m，第 i 个样品为 $P_i(i=1，2，\cdots，m)$。有 n 个指标 U_1，U_2，$\cdots$，U_n，第 j 个指标为 $U_j(j=1，2，\cdots，n)$。样品 P_i 在指标 U_j 上的打分值为 x_{ij}。n 个指标的权重分别为 w_1，w_2，$\cdots$，w_n，第 j 个指标的权重为 $w_j(j=1，2，\cdots，n)$。需要对这 m 个样品作出综合评价，并根据评价值进行排序。

综合评价方法的一般步骤如下所述。

(1) 建立决策矩阵。决策矩阵为 $X=(x_{ij})_{mn}$，其中 $x_{ij}(i=1，2，\cdots，m，j=1，2，\cdots，n)$ 为第 i 个样品在第 j 个指标上的打分值。

(2) 原始数据标准化处理。为了消除数量级差异或量纲差异，需要对原始数据进行标准化处理。

对于效益型指标(越大越好)，公式为

$$x' = \frac{x}{x_{\max}} \tag{3-1}$$

其中，$x_{\max}$ 表示变量 x 的最大值。

对于成本型指标(越小越好)，公式为

$$x' = \frac{x_{\min}}{x} \tag{3-2}$$

其中，x_{min}表示变量x的最小值。

对于固定型指标(越靠近某理想值越好)，公式为

$$x' = \frac{a}{a + |x - a|} \tag{3-3}$$

其中，$a>0$为理想值。

经过处理后，所有数据x'成为效益型，且$0<x'\leqslant1$。经过标准化的矩阵记作$R=(r_{ij})_{mn}$。

(3) 综合评价。第i个样品的综合评价值为

$$y_i = \sum_{j=1}^{n} w_j r_{ij}, \quad i = 1, 2, ..., m \tag{3-4}$$

其中，y_i越大表明样品P_i越优。于是可以根据m个样品的综合评价值的大小进行排序。

以上方法只是针对指标层仅仅只有一级指标的问题进行综合评价。如果指标层有二级指标、三级指标等，那么可以从低一级的指标开始评价，按照以上方法，把所得到的综合评价值作为高一级指标的打分值，再按照以上方法进行综合评价，把得到的综合评价值作为更高一级指标的打分值，以此类推，最后得到的就是总指标的综合评价值。

参考文献

[1] 陈再余，陶应虎. 统计学原理与实务[M]. 北京：清华大学出版社，2009.

[2] 王超，王永刚. 统计学原理[M]. 北京：经济科学出版社，2010.

[3] 韩中庚. 数学建模方法与应用[M]. 北京：高等教育出版社，2005.

💡 附录B 大学生创业指数指标体系

表1 大学生创业态势指标体系

二级指标	权重	问题序号	三级指标	权重	指标内容	指标值	打分方法
创业态势	0.2	1	生存型创业企业存量	0.2	生存型创业企业数量	20	一家计2分，增加一家增计2分，≥10家计20分
					生存型创业企业在人口中的比重	80	每10 000人有一家计10分，增加一家增计10分，≥8家计80分
		2	生存型创业企业中大学生创业人数	0.2	生存型创业企业人数	20	每10人计5分，每增加10人增计5分，≥40人计20分
					生存型创业企业人员在人口中的比重	80	每1000人有1人计20分，增加1人增计20分，≥4人计80分
		3	机会型创业企业存量	0.3	机会型创业企业数量	20	一家计0.5分，增加一家增计0.5分，≥40家计20分
					机会型创业企业在人口中的比重	80	每1000人有1人计15分，每增加1人增计15分，≥6人计80分
		4	机会型创业企业中大学生创业人数	0.3	机会型创业企业人数	20	1人计0.2分，每增加1人增计0.2分，≥100人计20分
					机会型创业企业人数在人口中的比重	80	每1000人有1人计5分，增加1人增计5分，≥16人计80分
创业增量态势	0.8	5	人口增量	0.25	与上一年度相比，创业人员增加比例	100	在50分的基础上增减，增减1%增减1分，最低0分，最高100分
		6	企业增量	0.25	与上一年度相比，创业企业增加比例	100	在50分的基础上增减，增减1%增减1分，最低0分，最高100分
		7	产值增量	0.25	与上一年度相比，创业企业产值增加比例	100	在80分的基础上增减，增减1%增减1分，最低0分，最高100分
		8	机会型创业企业增量	0.25	与上一年度相比，机会型创业企业增加比例	100	在50分的基础上增减，增减1%增减1分，最低0分，最高100分

表2　大学生创业机会和创业能力指标体系

二级指标	权重	三级指标	权重	问题序号	指标内容	指标值	打分方法
创业机会	0.4			1	有相当多创办新公司的好机会	100	使用20、40、60、80、100赋值。赋值小，表示该指标的程度或可能性小；反之，赋值大，表示该指标的程度或可能性大
				2	较多的人能够把握创办新公司的好机会	100	同上
				3	创办公司的好机会在过去5年内大量增长	100	同上
				4	个人可以很容易把握创业机会	100	同上
				5	创办真正高成长公司的好机会相当多	100	同上
创业能力	0.6	创业技能	0.7	6	许多人知道如何创办及管理高成长型公司	100	同上
				7	许多人知道如何创办及管理一家小公司	100	同上
				8	许多人有创办新公司的经验	100	同上
				9	许多人能对创办新公司的好机会迅速作出反应	100	同上
				10	许多人有能力组织创办新公司所需的资源	100	同上
		创业动机	0.3	11	创业被视为一个致富的良好途径	100	同上
				12	大多数人将创业作为一项他们希望的职业选择	100	同上
				13	成功的创业者享有较高的社会地位和受人尊重	100	同上
				14	经常能在公众媒体中看见成功创业的故事	100	同上
				15	大多数人认为创业者是有能力的和足智多谋的	100	同上

表3 大学生创业的社会环境指标体系

二级指标	权重	问题序号	三级指标	权重	指标内容	指标值	打分方法
金融支持	0.16	1	大学生创业资金有充足的来源	1	大学生创业所需资金来源的可得性	100	完全肯定，100分；基本肯定，80分；不确定，60分；基本否定，40分；完全否定，20分
政府政策	0.16	2	当地政府在制定政策时优先考虑大学生创业	0.5	政府对大学生创业在政策制定和规划方面的扶持	100	同上
		3	当地政府政策一直对新公司优惠	0.5	政府对新公司在政策制定和规制方面的扶持	100	同上
政府项目支持	0.2	4	科技园和企业孵化器为大学生创业提供有效支持	1	各级政府对于大学生创业的具体支持	100	同上
教育与培训	0.16	5	大学里设置了足够的关于创业的课程和项目	0.5	与大学生创业相关的各个层次教育和培训体系	100	同上
		6	政府的再教育体系为创业做了很好的准备	0.5	政府兴办的创业培训体系	100	同上
研究开发转移效率	0.1	7	新技术、新科学和其他知识迅速从高校、研究机构向企业转移	0.5	研发成果转移效率对于大学生创业的影响	100	同上
		8	有力支持大学生研究成果商业化	0.5	研究成果商业化对于大学生创业的影响	100	同上
商业和专业基础设施	0.1	9	有足够的分包商、供应商和咨询机构为大学生创业提供帮助	0.5	商业机构和咨询机构的数量	100	同上
		10	当地有良好的创业基础设施(道路、公用设施、通信等)	0.5	能够得到基础设施的可接受性	100	同上

（续表）

二级指标	权重	问题序号	三级指标	权重	指标内容	指标值	打分方法
进入壁垒	0.06	11	大学生创业能够很容易地进入新市场	0.5	大学生创业准入门槛的高低程度	100	完全肯定，100分；基本肯定，80分；不确定，60分；基本否定，40分；完全否定，20分
		12	反垄断方面的法律有效且得到有力执行	0.5	反垄断法律执行程度	100	同上
文化和社会规范	0.06	13	当地提倡自立、自治、个人主动性和勇于承担责任	0.5	社会和文化背景对于大学生创业的鼓励程度	100	同上
		14	当地鼓励创造和创新	0.5	社会和文化背景鼓励创造创新的程度	100	同上

表4　大学生创业融资与投资指标体系

二级指标	权重	问题序号	三级指标	权重	指标内容	指标值	打分方法
自有资本投资	0.2	1	自身存款	0.25	生活费积累	50	每1000人用作投资额度达到1万元计10分，每增加1万元增加10分，以此类推，≥5万元计50分
					压岁钱积累	50	每1000人用作投资额度达到1万元计10分，每增加1万元增加10分，以此类推，≥5万元计50分
		2	勤工俭学收入积累	0.25	校内兼职收入	60	每1000人用作投资额度达到1万元计12分，每增加1万元增加12分，以此类推，≥5万元计60分
					校外兼职收入	40	每1000人用作投资额度达到1万元计8分，每增加1万元增加8分，以此类推，≥5万元计40分
		3	初始创业获利积累的资金	0.25	独资创业获利	60	每1000人用作投资额度达到1万元计12分，每增加1万元增加12分，以此类推，≥5万元计60分

(续表)

二级指标	权重	问题序号	三级指标	权重	指标内容	指标值	打分方法
自有资本投资		3	初始创业获利积累的资金		合伙创业获利	40	每1000人用作投资额度达到1万元计8分，每增加1万元增加8分，以此类推，≥5万元计40分
		4	各种奖金积累	0.25	奖学金收入	50	每1000人用作投资额度达到1万元计10分，每增加1万元增加10分，以此类推，≥5万元计50分
					参加创业比赛奖金收入	50	每1000人用作投资额度达到1万元计10分，每增加1万元增加10分，以此类推，≥5万元计50分
非正式投资者投资	0.3	5	家庭投入	0.1	父母投入	50	投资额度达到10万元计10分，每增加10万元增加10分，以此类推，≥50万元计50分
					兄弟姐妹投入	50	投资额度达到10万元计10分，每增加10万元增加10分，以此类推，≥50万元计50分
		6	朋友或邻居投入	0.2	朋友投入	50	投资额度达到5万元计10分，每增加5万元增加10分，以此类推，≥25万元计50分
					邻居投入	50	投资额度达到5万元计10分，每增加5万元增加10分，以此类推，≥25万元计50分
		7	亲戚投入	0.2	远房亲属投入	40	投资额度达到1万元计8分，每增加1万元增加8分，以此类推，≥5万元计40分
					近亲亲属投入	60	投资额度达到1万元计12分，每增加1万元增加12分，以此类推，≥5万元计60分
		8	陌生人投入	0.5	对大学生的商业创意感兴趣的陌生人投入	40	投资额度达到10万元计8分，每增加10万元增加8分，以此类推，≥50万元计40分
					对大学生的商业创意不感兴趣的陌生人投入	60	投资额度达到10万元计12分，每增加10万元增加12分，以此类推，≥50万元计60分

(续表)

二级指标	权重	问题序号	三级指标	权重	指标内容	指标值	打分方法
创业资本投资	0.5	9	政府和国外资本投入	0.25	政府资本投入	40	投资额度达到10万元计8分，每增加10万元增加8分，以此类推，≥50万元计40分
					国外资本投入	60	投资额度达到10万元计12分，每增加10万元增加12分，以此类推，≥50万元计60分
		10	银行创业投资部投入	0.25	投资银行创业投资部投入	50	投资额度达到10万元计10分，每增加10万元增加10分，以此类推，≥50万元计50分
					商业投入银行创业投资部	50	投资额度达到10万元计10分，每增加10万元增加10分，以此类推，≥50万元计50分
		11	创业投资机构投入	0.25	创业投资公司投入	50	投资额度达到10万元计10分，每增加10万元增加10分，以此类推，≥50万元计50分
					创业投资管理公司投入	50	投资额度达到10万元计10分，每增加10万元增加10分，以此类推，≥50万元计50分
		12	机构投资者投入	0.25	养老基金投入	50	投资额度达到10万元计10分，每增加10万元增加10分，以此类推，≥50万元计50分
					保险基金投入	50	投资额度达到10万元计10分，每增加10万元增加10分，以此类推，≥50万元计50分

表5　大学生创业带动就业效应指标体系

二级指标	权重	问题序号	三级指标	权重	指标内容	指标值	打分方法
创业企业提供的就业岗位数	0.2	1	生存型创业企业提供的就业岗位数	0.2	生存型创业企业能够提供的就业岗位平均数	100	A.15个(含)岗位以上；B.8～14个(含)岗位；C.5～8个(含)岗位；D.3～5个(含)岗位；E.2个(含)岗位以下

(续表)

二级指标	权重	问题序号	三级指标	权重	指标内容	指标值	打分方法
创业企业提供的就业岗位数		2	综合型创业企业提供的就业岗位数	0.3	综合型创业企业能够提供的就业岗位平均数	100	A.15个(含)岗位以上；B.8～14个(含)岗位；C.5～8个(含)岗位；D.3～5个(含)岗位；E.2个(含)岗位以下
		3	机会型创业企业提供的就业岗位数	0.5	机会型创业企业能够提供的就业岗位平均数	100	A.15个(含)岗位以上；B.8～14个(含)岗位；C.5～8个(含)岗位；D.3～5个(含)岗位；E.2个(含)岗位以下
创业者受教育程度	0.2	4	生存型创业者受教育程度	0.2	生存型创业者受教育的学历水平	100	A.硕士研究生以上；B.大学本科；C.高职高专；D.高中、中专；E.初中以下
		5	综合型创业者受教育程度	0.3	综合型创业者受教育的学历水平	100	A.硕士研究生以上；B.大学本科；C.高职高专；D.高中、中专；E.初中以下
		6	机会型创业者受教育程度	0.5	机会型创业者受教育的学历水平	100	A.硕士研究生以上；B.大学本科；C.高职高专；D.高中、中专；E.初中以下
创业者的年龄	0.1	7	生存型创业者年龄	0.2	生存型创业者的平均年龄	100	A.24岁(含)以下；B.24～29岁(含)；C.29～34岁(含)；D.34～39岁(含)；E.40岁(含)以上
		8	综合型创业者年龄	0.3	综合型创业者的平均年龄	100	A.24岁(含)以下；B.24～29岁(含)；C.29～34岁(含)；D.34～39岁(含)；E.41岁(含)以上
		9	机会型创业者年龄	0.5	机会型创业者的平均年龄	100	A.24岁(含)以下；B.24～29岁(含)；C.29～34岁(含)；D.34～39岁(含)；E.42岁(含)以上

(续表)

二级指标	权重	问题序号	三级指标	权重	指标内容	指标值	打分方法
创业公司的成长年限		10	生存型创业公司的成长年限	0.2	生存型创业公司自成立至今的平均成长年限	100	A.6年(含)以上；B.5年；C.4年；D.1~3年(含)；E.0~1年(含)
		11	综合型创业公司的成长年限	0.3	综合型创业公司自成立至今的平均成长年限	100	A.6年(含)以上；B.5年；C.4年；D.1~3年(含)；E.0~1年(含)
		12	机会型创业公司的成长年限	0.5	机会型创业公司自成立至今的平均成长年限	100	A.6年(含)以上；B.5年；C.4年；D.1~3年(含)；E.0~1年(含)
政府扶持力度	0.1	13	国家级	0.4	国家级政府扶持力度	100	A.支持力度很强；B.支持力度较强；C.支持力度一般；D.支持力度较弱；E.支持力度很弱
		14	省级	0.3	省级政府扶持力度	100	A.支持力度很强；B.支持力度较强；C.支持力度一般；D.支持力度较弱；E.支持力度很弱
		15	市级	0.2	市级政府扶持力度	100	A.支持力度很强；B.支持力度较强；C.支持力度一般；D.支持力度较弱；E.支持力度很弱
		16	本校	0.1	本校扶持力度	100	A.支持力度很强；B.支持力度较强；C.支持力度一般；D.支持力度较弱；E.支持力度很弱
创业企业个数	0.1	17	采集冶炼类	0.1	采集冶炼类创业企业个数	100	A.20个(含)以上；B.15~20个(含)；C.11~15个(含)；D.5~11个(含)；E.5个以下
		18	移动转移类	0.2	移动转移类创业企业个数	100	A.20个(含)以上；B.15~20个(含)；C.11~15个(含)；D.5~11个(含)；E.5个(含)以下

（续表）

二级指标	权重	问题序号	三级指标	权重	指标内容	指标值	打分方法
创业企业个数		19	顾客服务类	0.3	顾客服务类创业企业个数	100	A.20个(含)以上；B.15～20个(含)；C.11～15个(含)；D.5～11个(含)；E.5个(含)以下
		20	商业服务类	0.4	商业服务类创业企业个数	100	A.20个(含)以上；B.15～20个(含)；C.11～15个(含)；D.5～11个(含)；E.5个(含)以下
大学生创业培训程度	0.1	21	学校普及教育培训	0.2	学校创业普及教育培训程度	100	A.参加了整体系统培训；B.参加过半系统培训；C.参与主体内容培训；D.参与培训；E.培训不足
		22	创业学院培训	0.3	创业学院培训程度	100	A.参加了整体系统培训；B.参加过半系统培训；C.参与主体内容培训；D.参与培训；E.培训不足
		23	社会专业机构培训	0.5	社会创业专业机构培训程度	100	A.参加了整体系统培训；B.参加过半系统培训；C.参与主体内容培训；D.参与培训；E.培训不足

说明：评价等级分A、B、C、D、E五级，赋值分别为100分、80分、60分、40分、20分。

表6　大学生创业教育课程体系建设指标体系

二级指标	权重	问题序号	三级指标	权重	指标内容	指标值	评分方法
课程设置	0.1	1	课程与专业融入度	0.2	创业教育课程融入专业教学大纲的计划内容的程度	100	A.以必修课体现；B.以选修课体现；C.以就业课体现；D.以讲座报告体现；E.没有体现
		2	课程的比重	0.2	创业课程课时占专业总课时的比例	100	A.2%(含)以上；B.1.5%～2%(含)；C.1%～1.5%(含)；D.0.5%～1%(含)；E.0.5%以下。

(续表)

二级指标	权重	问题序号	三级指标	权重	指标内容	指标值	评分方法
课程设置		3	学生参与度	0.2	毕业班学生在校期间参加教学大纲安排的创业教育课程学习的人数占毕业班总人数的比例	100	A.90%(含)以上； B.90%～80%(含)； C.80%～70%(含)； D.70%～60%(含)； E. 60%以下
		4	理论实践课程比例	0.2	创业理论课程与实践课程的比例	100	A.1:0.9以上(含)； B.1:0.9～0.7(含)； C.1:0.7～0.5(含)； D.1:0.5～0.3(含)； E.1:0.3以下
		5	校内外课程的比例	0.2	创业校内课程与校外课程的比例	100	A.1:0.9以上(含)； B.1:0.9～0.7(含)； C.1:0.7～0.5(含)； D.1:0.5～0.3(含)； E.1:0.3以下
课程内容	0.3	6	内容选择	0.4	创业教育课程内容适用、全面，涉及创业意识培养类课程、创业品质培养类课程、创业理论知识类课程、创业实践能力培养类课程等	100	内容全面的程度从大到小分别为：A、B、C、D、E
		7	校内实践	0.25	学生参加校内创业实践类活动多，选择余地大。如校内社团活动、创业计划大赛、创业创新科研平台、大学生创业孵化平台等	100	校内创业实践类活动多，选择余地大的可能性从大到小分别为：A、B、C、D、E
		8	校外实践	0.15	学生参加校外创业实践类活动多，选择余地大，如校外勤工俭学机会、工学结合机会、参与校外活动机会等	100	校外创业实践类活动多，选择余地大的可能性从大到小分别为：A、B、C、D、E
		9	教材选用	0.1	创业课程教材选用合适	100	教材适用性强的可能性从大到小分别为：A、B、C、D、E

(续表)

二级指标	权重	问题序号	三级指标	权重	指标内容	指标值	评分方法
课程内容		10	考核方式	0.1	创业课程考核方式灵活，过程考核和结果考核相结合，考核结果能充分体现学生的学习成效	100	考核结果能充分体现学生学习成效的可能性从大到小分别为：A、B、C、D、E
课程实施方法和手段	0.2	11	教学设计	0.32	创业课程教学设计合理、思路清晰	100	教学设计合理、思路清晰的可能性从大到小分别为：A、B、C、D、E
		12	教学方法	0.24	创业课程教学方法多样，能综合运用案例教学、分组讨论、角色扮演、实地考察等教学方法，使教学具有实效性	100	教学方法多样，教学效果好的可能性从大到小分别为：A、B、C、D、E
		13	教学手段	0.24	充分运用现代教育技术、网络技术等教学手段，提高学生学习积极性	100	教学手段先进，学生学习兴趣高的可能性从大到小分别为：A、B、C、D、E
		14	教学环境	0.2	校内创业宣传氛围及大学生创业专门网站建设等创业教育环境	100	教学环境有的可能性从大到小分别为：A、B、C、D、E
授课师资队伍建设	0.2	15	主讲教师	0.5	主讲教师的师德和教学能力、行业和企业工作经验、创业经验等	100	主讲教师评价高的可能性从大到小分别为：A、B、C、D、E
		16	专兼职教师结构	0.1	创业教育专兼职教师比例	100	A.1:0.9以上(含)；B.1:0.9～0.7(含)；C.1:0.7～0.5(含)；D.1:0.5～0.3(含)；E.1:0.3以下
		17	兼职教师结构	0.2	来自行业企业的兼职教师与校内兼职教师的比例	100	A.1:0.3以下；B.1:0.5～0.3(含)；C.1:0.7～0.5(含)；D.1:0.9～0.7(含)；E.1:0.9以上(含)

(续表)

二级指标	权重	问题序号	三级指标	权重	指标内容	指标值	评分方法
授课师资队伍建设		18	校外教师工作量	0.2	行业企业兼职教师承担课程的课时量占总课时量的比例	100	A.50%及以上； B.50%～40%(含)； C.40%～30%(含)； D.30%～20%(含)； E.20%以下
课程实施的实践条件	0.1	19	校内实训条件	0.6	校内创业实训条件情况	100	校内实训条件很好的可能性从大到小分别为：A、B、C、D、E
		20	校外实习环境	0.4	校外创业实训条件情况	100	校外实训条件很好的可能性从大到小分别为：A、B、C、D、E
课程实施效果	0.1	21	学生满意度评价	0.2	学生对创业教育的满意度	100	学生满意度评价高的可能性从大到小分别为：A、B、C、D、E
		22	社会满意度评价	0.2	用人单位对毕业一年的毕业生的满意度	100	用人单位满意度评价好的可能性从大到小分别为：A、B、C、D、E
		23	在校生创业情况	0.2	毕业班学生自主创业人数占毕业生总人数的比例	100	A、高于全省同类高校在校大学生自主创业率平均值1%及以上；B、等于全省同类高校在校大学生自主创业率平均值；C、低于全省同类高校在校大学生自主创业率平均值至0.5%(含)；D、低于全省同类高校在校大学生自主创业率平均值0.5～1%；E、低于全省同类高校在校大学生自主创业率平均值1%(含)以上
		24	学生创业意愿	0.4	学生毕业5年内打算自主创业的意愿程度	100	意愿强的可能性从大到小分别为：A、B、C、D、E

表7　大学生工学结合指标体系

二级指标	权重	问题序号	三级指标	权重	指标内容	指标值	打分方法
引进社会资源	0.5	1	订单式培养	0.2	企业与学校合作订单式培养创业学生数占在校生人数比例	100	比例≤3.5‰，得20分；3.5‰<比例≤4‰，得40分；4‰<比例≤4.5‰，得60分；4.5‰<比例<5‰，得80分；≥5‰，得100分
		2	社会企业入驻创业园	0.2	社会企业入驻创业园数量	100	数量越多，得分越高，与工学结合程度成正比。0<数量<5，得20分；5≤数量<10，得40分；10≤数量<15，得60分；15≤数量<20，得80分；数量≥20，得100分
		3	兼职创业指导师数量	0.15	企业指导师人数与创业学生数的比例	100	比例越大，得分越高，与工学结合程度成正比。比例≤1/50，得20分；1/50<比例≤1/40，得40分；1/40<比例≤1/30，得60分；1/30<比例≤1/20，得80分；1/20<比例，得100分
		4	兼职创业指导师质量层次	0.15	兼职创业指导师中、高级职称(技能)占总指导师比例	100	比例≤10%，得20分；10%<比例≤15%，得40分；15%<比例≤20%，得60分；20%<比例≤25%，得80分；比例≥25%，得100分
		5	兼职创业指导师指导时间	0.15	每学年人均指导工作总课时数	100	工作时间越多，得分越高，与工学结合程度成正比。时间<10，得20分；10≤时间<20，得40分；20≤时间<30，得60分；30≤时间<40，得80分；时间>40，得100分
		6	兼职创业指导师指导效果	0.15	兼职创业指导师指导获得学生满意程度	100	0～10%(含)，得20分；10%～20%(含)，得40分；20%～30%(含)，得60分；30%～40%(含)，得80分；40%以上，得100分

(续表)

二级指标	权重	问题序号	三级指标	权重	指标内容	指标值	打分方法
服务社会	0.5	7	校外实践课程设置	0.2	校外实践课时数占总课时数的比例	100	比重越大，得分越高，与工学结合程度成正比。0≤比例<5‰，得20分；5‰≤比例<10‰，得40分；10‰≤比例<15‰，得60分；15‰≤比例<20‰，得80分；≥20‰，得100分
		8	校外实习基地数量	0.2	校外实习基地数量	100	数量越多，得分越高，与工学结合程度成正比。0≤数量<5，得20分；5≤数量<10，得40分；10≤数量<15，得60分；15≤数量<20，得80分；数量≥20，得100分
		9	参加校外实践基地学生数量	0.3	参加校外实践基地学生人数占全体学生数的比例	100	比重越大，得分越高，与工学结合程度成正比。0～10%(含)，得20分；10%～20%(含)，得40分；20%～30%(含)，得60分；30%～40%(含)，得80分；40%以上，得100分
		10	学生创业服务社会项目数	0.15	创业学生服务社会项目数占创业学生总项目数的比例	100	比例越高，得分越高，与工学结合程度成正比。0～10%(含)，得20分；10%～20%(含)，得40分；20%～30%(含)，得60分；30%～40%(含)，得80分；40%以上，得100分
		11	学生创业成果转化社会效益	0.15	学生创业成果转化社会经济效益情况	100	转化率越高，得分越高，与工学结合程度成正比。0～10%(含)，得20分；10%～20%(含)，得40分；20%～30%(含)，得60分；30%～40%(含)，得80分；40%以上，得100分

表8 大学生校园内创业环境条件指标体系

二级指标	权重	问题序号	三级指标	权重	指标内容	指标值	打分方法
校园创业文化	0.16	1	创业导向	0.4	学校将创业作为比较理想的职业选择的人数与在校生比例	100	3‰～5‰(含)，得20分；5‰～7‰(含)，得40分；7‰～9‰(含)，得60分；9‰～11‰，得80分；≥11‰，得100分
		2	创业价值	0.3	学生认为创业的成功者应享有社会地位和威望的人数与在校生人数的比例	100	3‰～5‰(含)，得20分；5‰～7‰(含)，得40分；7‰～9‰(含)，得60分；9‰～11‰，得80分；≥11‰，得100分
		3	创业氛围	0.3	学校创业宣传次数与规格占学校总体宣传次数与规格的比例	100	10%～20%(含)，得20分；20%～30%(含)，得40分；30%～40%(含)，得60分；40%～50%，得80分；≥50%，得100分
学校创业政策与保障机制	0.16	4	创业政策	0.3	学校创业政策实施的数量	100	1～5项(含)，得20分；6～11项(含)，得40分；11～15项(含)，得60分；15～20项，得80分；≥20项，得100分
		5	创业机构	0.2	学校创业技术指导机构设置与效能执行程度	100	合并设置创业机构，得20分；合并设置创业机构且执行力较强，得40分；单独设置创业机构且执行力一般，得60分；单独设置创业机构且执行力较强，得80分；单独设置创业机构且执行力十分强，得100分
		6	创业专职人员	0.2	学校创业专职技术管理人数与在校学生人数的比例	100	0.5/10 000～1/10 000(含)，得20分；1/10 000～2/10 000(含)，得40分；2/10 000～3/10 000(含)，得60分；3/10 000～4/10 000，得80分；≥4/10 000，得100分

(续表)

二级指标	权重	问题序号	三级指标	权重	指标内容	指标值	打分方法
学校创业政策与保障机制		7	创业经费	0.2	学校创业指导经费投入(元)与在校学生人数的比例	100	30/1～40/1(含)，得20分；40/1～50/1(含)，得40分；50/1～60/1(含)，得60分；60/1～70/1，得80分；≥70/1，得100分
		8	创业教育研究	0.1	学校创业教育专项研究项目层次或项数	100	基层(校)课题1项，得20分；基层(校)课题2项，得40分；市(厅)级1项(下一级3项)，得60分；省(部)级1项(下一级3项)，得80分；国家级1项(下一级3项)，得100分
创业教育与培训	0.2	9	创业普及教育	0.2	学校创业普及教育大学生与在校生人数的比例	100	1%～5%(含)，得20分；5%～10%(含)，得40分；10%～15%(含)，得60分；15%～20%，得80分；≥20%，得100分
		10	创业提高教育	0.3	学校创业提高教育(培训)大学生与在校学生人数的比例	100	2.5%～3.0%(含)，得20分；3.0%～3.5%(含)，得40分；3.5%～4.0%(含)，得60分；4.0%～4.5%，得80分；≥4.5%，得100分
		11	创业精英教育	0.3	学校创业精英教育(培训)大学生与在校生人数的比例	100	0.5%～1.0%(含)，得20分；1.0%～1.5%(含)，得40分；1.5%～2.0%(含)，得60分；2.0%～2.5%，得80分；≥2.5%，得100分
		12	创业指导师教育	0.2	学校创业指导师自身教育(培训)人数与在岗在册教职工人数的比例	100	1‰～2‰(含)，得20分；2‰～3‰(含)，得40分；3‰～4‰(含)，得60分；4‰～5‰，得80分；≥5‰，得100分

(续表)

二级指标	权重	问题序号	三级指标	权重	指标内容	指标值	打分方法
投入有形基础设施	0.16	13	校内创业园区设备	0.3	学校投入校园创业工作室硬件配备资金(元)与在校学生人数的比例	100	1/1～100/1(含)，得20分；100/1～500/1(含)，得40分；500/1～1000/1(含)，得60分；1000/1～1500/1，得80分；≥1500/1，得100分
		14	校外创业园区设备	0.2	学校投入校外创业工作室设备资金(元)与在校学生人数的比例	100	1/1～100/1(含)，得20分；100/1～200/1(含)，得40分；200/1～300/1(含)，得60分；300/1～400/1，得80分；≥400/1，得100分
		15	校内创业园区面积	0.3	校内创业园区面积(平方米)与在校学生人数的比例	100	3%～6%(含)，得20分；6%～9%(含)，得40分；9%～12%(含)，得60分；12%～15%，得80分；≥15%，得100分
		16	校外创业园区面积	0.2	学校设在校外创业场地面积(平方米)与在校学生人数的比例	100	0.1%～1%(含)，得20分；1%～2%(含)，得40分；2%～3%(含)，得60分；3%～4%，得80分；≥4%，得100分
创业基金(资金)支持	0.12	17	创业者自筹资金	0.3	创业者自身资金投入金额(元)与在校学生人数的比例	100	10/1～50/1(含)，得20分；50/1～100/1(含)，得40分；100/1～150/1(含)，得60分；150/1～200/1，得80分；≥200/1，得100分
		18	创业者获得学校无偿资金	0.3	创业者获得学校无偿支持资金(元)与在校生人数比例	100	20/1～40/1(含)，得20分；40/1～60/1(含)，得40分；60/1～80/1(含)，得60分；80/1～100/1，得80分；≥100/1，得100分
		19	创业者获得社会无偿资金	0.2	创业者通过学校获得社会无偿支持资金(元)与在校生人数比例	100	10/1～100/1(含)，得20分；100/1～200/1(含)，得40分；200/1～300/1(含)，得60分；300/1～400/1，得80分；≥400/1，得100分

(续表)

二级指标	权重	问题序号	三级指标	权重	指标内容	指标值	打分方法
创业基金(资金)支持		20	创业者获得有偿资金	0.2	创业者通过学校获得有偿资金(元)支持与在校生人数比例	100	20/1～30/1(含)，得20分；30/1～40/1(含)，得40分；40/1～50/1(含)，得60分；50/1～60/1，得80分；≥60/1，得100分
相关科研成果转化	0.12	21	学校知识产权转化为创业项目数	0.3	学校自行研发的专利权、商标权转移给大学生创业的项目数与在校生人数的比例	100	3/10 000～6/10 000(含)，得20分；6/10 000～9/10 000(含)，得40分；9/10 000～12/10 000(含)，得60分；12/10 000～15/10 000，得80分；≥15/10 000，得100分
		22	学校非产权智力成果转化为创业项目数	0.3	学校将研发的非专利技术及其他智力成果转化为大学生创业项目数与在校生人数的比例	100	3/10 000～6/10 000(含)，得20分；6/10 000～9/10 000(含)，得40分；9/10 000～12/10 000(含)，得60分；12/10 000～15/10 000，得80分；≥15/10 000，得100分
		23	学校科研手段转化为创业项目数	0.3	学校将科技研发手段、途径、方法或设备转化为大学生创业的项目数与在校生人数的比例	100	0.5/10 000～1/10 000(含)，得20分；1/10 000～2/10 000(含)，得40分；2/10 000～3/10 000(含)，得60分；3/10 000～4/10 000，得80分；≥4/10 000，得100分
		24	学校引用社会科研成果转化为创业项目数	0.1	通过学校引用社会科研成果转化为大学生创业的项目数与在校生人数的比例	100	0.5/10 000～1/10 000(含)，得20分；1/10 000～2/10 000(含)，得40分；2/10 000～3/10 000(含)，得60分；3/10 000～4/10 000，得80分；≥4/10 000，得100分
创业产业关联度	0.08	25	创业专业相关度	0.4	大学生利用所学相同或相近专业创业项目数与在校生人数比例	100	0.5‰～1‰(含)，得20分；1‰～2‰(含)，得40分；2‰～3‰(含)，得60分；3‰～4‰，得80分；≥4‰，得100分

(续表)

二级指标	权重	问题序号	三级指标	权重	指标内容	指标值	打分方法
创业产业关联度		26	创业与社会企业合作度	0.3	大学生同社会企业合作项目数及参与社会产业链活动的创业项目数与在校生人数比例	100	0.5‰～1‰(含)，得20分；1‰～2‰(含)，得40分；2‰～3‰(含)，得60分；3‰～4‰，得80分；≥4‰，得100分
		27	创业带动就业度	0.3	大学生所创项目带动相同或相近专业学生就业数与在校生人数比例	100	1/10 000～5/10 000(含)，得20分；5/10 000～10/10 000(含)，得40分；10/10 000～15/10 000(含)，得60分；15/10 000～20/10 000，得80分；≥20/10 000，得100分

表9 大学生创业专业指导师资队伍质与量的指标体系

二级指标	权重	问题序号	三级指标	权重	指标内容	指标值	打分方法
指导师数量	0.25	1	专职创业师资	0.4	校内专职创业专业教师数与在校生人数的比例	100	1/20 000～1/10 000(含)，得20分；1/10 000～2/10 000(含)，得40分；2/10 000～3/10 000(含)，得60分；3/10 000～4/10 000，得80分；≥4/10 000，得100分
		2	校内兼职创业师资	0.3	校内兼职创业专业教师数与在校生人数的比例	100	0.05%～0.10%(含)，得20分；0.10%～0.15%(含)，得40分；0.15%～0.20%(含)，得60分；0.20%～0.25%，得80分；≥0.25%，得100分
		3	校外兼职创业师资	0.3	校外兼职创业指导师数与在校生人数的比例	100	0.01%～0.05%(含)，得20分；0.05%～0.06%(含)，得40分；0.06%～0.07%(含)，得60分；0.07%～0.08%，得80分；≥0.08%，得100分

(续表)

二级指标	权重	问题序号	三级指标	权重	指标内容	指标值	打分方法
教育背景	0.15	4	创业师资学历层次	0.3	专兼职创业专业教师拥有本科和研究生(学位)合计达到标准人数与专兼职创业专业教师人数的比例	100	60%～70%(含)，得20分；70%～80%(含)，得40分；80%～90%(含)，得60分；90%～100%，得80分；≥100%，得100分
		5	创业师资专业匹配	0.4	符合大学生创业专业需要的专兼职创业专业教师人数与专兼职创业专业教师人数的比例相符(相关)度	100	40%～50%(含)，得20分；50%～60%(含)，得40分；60%～70%(含)，得60分；70%～80%，得80分；≥80%，得100分
		6	创业师资阅历	0.3	专兼职创业专业教师有企业创业(企业管理)经验人数与专兼职创业专业教师人数的比例	100	30%～40%(含)，得20分；40%～50%(含)，得40分；50%～60%(含)，得60分；60%～70%，得80分；≥70%，得100分
专业技术与技能	0.15	7	创业师资专业技术职务	0.3	专兼职创业专业教师拥有中高级专业技术职务人数与专兼职创业专业教师人数的比例	100	20%～40%(含)，得20分；40%～60%(含)，得40分；60%～80%(含)，得60分；80%～100%，得80分；≥100%，得100分
		8	创业师资专业技能	0.2	专兼职创业专业教师拥有中高级专业技能人数与专兼职创业专业教师人数的比例	100	20%～40%(含)，得20分；40%～60%(含)，得40分；60%～80%(含)，得60分；80%～100%，得80分；≥100%，得100分
		9	中高级创业师资比重	0.3	符合大学生创业中高级专业技术(技能)需要的专兼职创业专业教师人数与专兼职创业专业教师人数的比例	100	20%～40%(含)，得20分；40%～60%(含)，得40分；60%～80%(含)，得60分；80%～100%，得80分；≥100%，得100分

（续表）

二级指标	权重	问题序号	三级指标	权重	指标内容	指标值	打分方法
专业技术与技能		10	双师型创业师资比重	0.2	专兼职创业专业教师拥有两项以上专业技术职称(技能)人数与专兼职创业专业教师人数的比例	100	20%～40%(含)，得20分；40%～60%(含)，得40分；60%～80%(含)，得60分；80%～100%，得80分；≥100%，得100分
师资培训与进修	0.2	11	创业师资专业培训	0.4	校内专兼职创业专业教师参加指导师专业培训(18课时以上)人数与在校生人数的比例	100	0.005%～0.01%(含)，得20分；0.01%～0.02%(含)，得40分；0.02%～0.03%(含)，得60分；0.03%～0.04%，得80分；≥0.04%，得100分
		12	创业师资相关培训	0.3	校内专兼职创业专业教师参加各类与创业指导相关的培训人数与在校生人数的比例	100	0.1‰～0.5‰(含)，得20分；0.5‰～1‰(含)，得40分；1‰～1.5‰(含)，得60分；1.5‰～2‰，得80分；≥2‰，得100分
		13	创业师资企业挂职	0.3	校内专兼职创业专业教师到企业挂职学习(60课时以上)人数与在校生人数的比例	100	4/10 000～5/10 000(含)，得20分；5/10 000～6/10 000(含)，得40分；6/10 000～7/10 000(含)，得60分；7/10 000～8/10 000，得80分；≥8/10 000，得100分
智力成果转化	0.13	14	创业指导师智力成果转化	0.4	专兼职创业专业教师智力成果转化项目数与在校生人数的比例	100	0.1%～0.2%(含)，得20分；0.2%～0.3%(含)，得40分；0.3%～0.4%(含)，得60分；0.4%～0.50%，得80分；≥0.5%，得100分
		15	创业指导师获取资助	0.3	专兼职创业专业教师对接社会企业获取资金(基金)数额(百元)与在校生人数的比例	100	1:1～2:1(含)，得20分；2:1～3:1(含)，得40分；3:1～4:1(含)，得60分；4:1～5:1，得80分；≥5:1，得100分
		16	创业指导师获取合作创业项目	0.3	专兼职创业专业教师获取合作创业项目数与在校生人数的比例	100	0.05%～0.06%(含)，得20分；0.06%～0.07%(含)，得40分；0.07%～0.08%(含)，得60分；0.08%～0.09%，得80分；≥0.09%，得100分

(续表)

二级指标	权重	问题序号	三级指标	权重	指标内容	指标值	打分方法
指导效果与评价	0.12	17	创业师资扶持初创团队	0.3	专兼职创业专业教师扶持初创团队数与在校生人数的比例	100	10‰~12‰(含)，得20分；12‰~14‰(含)，得40分；14‰~16‰(含)，得60分；16‰~18‰，得80分；≥18‰，得100分
		18	创业师资辅导成功团队	0.3	专兼职创业专业教师辅导成功团队(持续6~42个月)数与在校生人数的比例	100	5‰~10‰(含)，得20分；10‰~15‰(含)，得40分；15‰~20‰(含)，得60分；20‰~25‰，得80分；≥25‰，得100分
		19	创业师资辅导团队获取经济效益	0.2	专兼职创业专业教师辅导创业团队获取经济效益数额(元)与在校生人数的比例	100	200:1~250:1(含)，得20分；250:1~300:1(含)，得40分；300:1~350:1(含)，得60分；350:1~400:1，得80分；≥400:1，得100分
		20	创业师资辅导团队获取社会效益	0.2	专兼职创业专业教师辅导创业团队为社会带动就业人数与在校生人数的比例	100	0.4%~0.5%(含)，得20分；0.5%~0.6%(含)，得40分；0.6%~0.7%(含)，得60分；0.7%~0.8%，得80分；≥0.8%，得100分

表10　大学生创业教育理念指标体系

二级指标	权重	问题序号	三级指标	权重	指标内容	指标值	打分方法
创业教育课程教学	0.4	1	创业教育课程体系的完整性	0.5	完整性的主观评价	20	使用4、8、12、16、20赋值。赋值小表示该指标的程度或可能性小；反之，赋值大表示该指标的程度或可能性大
					课程量	80	一门课程计20分，增加一门增计20分，≥4门计80分
		2	创业教育课程的课时	0.5	普及教育的课时量	50	每人年平均1课时计10分，≥5课时计50分
					精英班教育的课时量	50	同上

（续表）

二级指标	权重	问题序号	三级指标	权重	指标内容	指标值	打分方法
创业实践课程	0.4	3	创业计划竞赛	0.3	对频度的主观评价	100	使用20、40、60、80、100赋值。赋值小表示该指标的程度或可能性小；反之，赋值大表示该指标的程度或可能性大
		4	开展创造发明活动	0.3	对频度的主观评价	100	同上
		5	试办小型企业量	0.4	新办小企业的数量	100	同上
对创业成就或行为的支持	0.2	6	对创业学生的表彰	0.5	对频度的主观评价	100	同上
		7	对支持学生创业的教师的表彰	0.5	对频度的主观评价	100	同上

表11　大学生创新特色指标体系

二级指标	权重	问题序号	三级指标	权重	指标内容	指标值	评分标准
对于机会型创业支持特色	0.25	1	创业课程中有无关于创业商机的独立教学模块	0.8	创业课程的课时数	100	达到4课时，得90分；达到3课时，得80分；达到2课时，得70分；达到1课时，得60分；大于4课时，得100分；小于1课时，得0分
		2	是否有考虑机会型创业项目入驻学校大学生创业园	0.2	是或否	100	是，得100分；否，得0分，不确定得50分
对高成长型创业企业的政策倾斜	0.25	3	是否对入驻大学生创业园的项目进行定期业绩考核	0.5	对入驻大学生创业园的项目进行定期业绩考核的程度	100	有定期业绩评定，得50分；有定期基于业绩的退园制度，得30分；定期对业绩出色企业给予表彰和奖励，得20分

(续表)

二级指标	权重	问题序号	三级指标	权重	指标内容	指标值	评分标准
对高成长型创业企业的政策倾斜		4	是否为高成长型创业项目加配资源	0.5	为高成长型创业项目加配资源的状况	100	为高成长型企业提供过融资支持，得50分；有为高成长型企业提供融资支持的制度，得30分；可以为高成长型企业配备导师的，得20分
政策上表现出的对知识产权的重视程度	0.25	5	是否开展知识产权知识教育	0.7	开展知识产权知识教育的状况	100	一年内专门开设过知识产权相关课程的，得70分；一年内举办过知识产权相关讲座的，得30分
		6	是否对申请知识产权的大学生项目有专门补助或奖励	0.3	是否有专门补助或奖励	100	有，得100分；无，得0分；不确定得50分
对新型创业模式的关注	0.25	7	创业课程中有无关于创业模式创新的独立教学模块	0.6	创业课程的课时数	100	达到4课时，得90分；达到3课时，得80分；达到2课时，得70分；达到1课时，得60分；大于4课时，得100分；小于1课时，得0分
		8	是否开展新型创业模式知识教育	0.4	开展新型创业模式知识教育的状况	100	一年内专门开设过创业模式创新相关课程的，得70分；一年内举办过创业模式创新相关讲座的，得30分

表12　大学生创业绩效指标体系

二级指标	权重	问题序号	三级指标	权重	指标内容	指标值	计分方法
财务绩效	0.6	1	利润增长率	0.2	本年度利润与上年度利润总额的比率减1	100	0～1%(含)，得20分；1%～10%(含)，得40分；10%～20%(含)，得60分；20%～30%，得80分；≥30%，得100分
		2	销售收入增长率	0.2	本年度销售收入与上年度销售收入的比率减1	100	同上

(续表)

二级指标	权重	问题序号	三级指标	权重	指标内容	指标值	计分方法
财务绩效		3	总资产收益率	0.2	净利润占平均资产总额的百分比	100	同上页
		4	投资回报率	0.2	年均利润占投资总额的百分比	100	同上
		5	销售利润率	0.2	利润总额占营业收入的百分比	100	同上
非财务绩效	0.4	6	顾客忠诚度	0.25	顾客偏爱并长期重复购买企业产品或服务的程度	100	五级制量表打分，赋值小表示该指标所代表的事实存在的可能性小；反之，赋值大表示该指标所代表的事实存在的可能性大。最高分赋值100分，其余按比例缩小
		7	公司成长性	0.25	公司规模扩大	50	同上
					公司创新能力的增强	50	同上
		8	员工承诺度	0.25	员工对企业的感情承诺	40	同上
					员工对企业的继续承诺	30	同上
					员工对企业的规范承诺	30	同上
		9	社会效益	0.25	创业带动的就业人数占在校生人数的比例(1/10 000)	40	0≤比例＜10，得5分；10≤比例＜20，得10分；20≤比例＜30，得20分；30≤比例＜40，得30分；40≤比例，得40分
					对创业氛围的影响	30	五级制量表打分，赋值小表示该指标所代表的事实存在的可能性小；反之，赋值大表示该指标所代表的事实存在的可能性大。最高分赋值30分，其余按比例缩小
					对人才的吸纳	30	同上

附录C   调查问卷

大学生创业指数调查问卷A(创业学生卷)

同学你好!

为了使学校创业教育进一步系统化、科学化、规范化,促进学生创新创业能力的培养,特进行本次专项调查。本次调查不记名,仅为学术研究提供参考依据。感谢您的配合!

说明:按照创业学生数的50%抽样调查。

1. 你就读的学校类别。

□高职　　□专科　　□本科　　□研究生

2. 你就读的年级。

□大一　　□大二　　□大三　　□大四或以上

3. 你的性别。

□男　　　□女

4. 你的创业费用来自于生活费积累的有_____万元。

5. 你创业的费用来自于校内兼职收入的有_____万元。

6. 你创业的费用来自于校外兼职收入的有_____万元。

7. 你创业的费用来自于进大学以前创业获利资金的有_____万元。

8. 你创业的费用来自于奖学金和其他奖金的有_____万元。

9. 你创业的费用来自于父母投入的有_____万元。

10. 你创业的费用来自于兄弟姐妹投入的有_____万元。

11. 你创业的费用来自于朋友、同学投入的有_____万元。

12. 你创业的费用来自于亲属投入的有_____万元。

13. 你创业的费用来自于非亲朋投入的有_____万元。

14. 你创业的费用来自于政府资本投入的有_____万元。

15. 你创业的费用来自于银行贷款的有_____万元。

16. 你创业的费用来自于专业投资机构投入的有_____万元。

17. 你创业的费用来自于养老基金投入的有_____万元。

18. 你创业的费用来自于保险和其他基金投入的有_____万元。

19. 你创业的费用来自于压岁钱积累的有_____万元。

20. 你公司的利润增长率是_____%；销售收入增长率是_____%；总资产收益率是_____%；投资回报率是_____%；销售利润率是_____%。

21. 当地政府在制定政策时优先考虑大学生创业。
☐很同意　☐同意　☐一般　☐不同意　☐很不同意

22. 当地政府对新公司创办提供比较优惠的条件。
☐很同意　☐同意　☐一般　☐不同意　☐很不同意

23. 政府的科技园或孵化器为大学生创业提供有效支持。
☐很同意　☐同意　☐一般　☐不同意　☐很不同意

24. 大学里设置了足够多的关于创业的课程。
☐很同意　☐同意　☐一般　☐不同意　☐很不同意

25. 新技术新科学和相关知识迅速从高校研究机构向创业企业转移。
☐很同意　☐同意　☐一般　☐不同意　☐很不同意

26. 政府有力支持大学生研究成果商业化。
☐很同意　☐同意　☐一般　☐不同意　☐很不同意

27. 有足够的咨询机构为大学生创业提供帮助。
☐很同意　☐同意　☐一般　☐不同意　☐很不同意

28. 有良好的创业基础设施。
☐很同意　☐同意　☐一般　☐不同意　☐很不同意

29. 大学生创业能够很容易进入新市场。
☐很同意　☐同意　☐一般　☐不同意　☐很不同意

30. 反垄断方面的法律有效且得到有力执行。
☐很同意　☐同意　☐一般　☐不同意　☐很不同意

31. 学校所在地的地域文化非常鼓励创业创新。

□很同意　□同意　□一般　□不同意　□很不同意

32. 学校所在地的地域文化非常鼓励个人的自立、主动，勇于承担责任。

□很同意　□同意　□一般　□不同意　□很不同意

33. 大学生创业资金有充足的来源。

□很同意　□同意　□一般　□不同意　□很不同意

34. 创业教育课程融入专业教学大纲的计划内容的程度高。

□很同意　□同意　□一般　□不同意　□很不同意

35. 创业教育课程内容适用和全面程度高(涉及创业意识培养类课程、创业品质培养类课程、创业理论知识类课程、创业实践能力培养类课程等)。

□很同意　□同意　□一般　□不同意　□很不同意

36. 你对创业教育的满意程度高。

□很同意　□同意　□一般　□不同意　□很不同意

37. 你参加校内创业实践类活动多(如校内社团活动、创业计划大赛、创业创新科研平台、大学生创业孵化平台等)。

□很同意　□同意　□一般　□不同意　□很不同意

38. 你参加校外创业实践类活动多(如校外勤工俭学机会、工学结合机会、参与校外活动机会等)。

□很同意　□同意　□一般　□不同意　□很不同意

39. 你学校创业课程教学方法多样，能综合运用案例教学、分组讨论、角色扮演、实地考察等教学方法，使教学具有实效性。

□很同意　□同意　□一般　□不同意　□很不同意

40. 你学校内部创业宣传氛围及大学生创业专门网站建设等创业教育环境好。

□很同意　□同意　□一般　□不同意　□很不同意

41. 你对兼职创业指导师满意。

□很同意　□同意　□一般　□不同意　□很不同意

42. 总的来说，顾客对我们公司非常信任。

□很同意　□同意　□一般　□不同意　□很不同意

43. 与主要的竞争对手相比，公司总资产增长速度快很多。

☐很同意　☐同意　☐一般　☐不同意　☐很不同意

44. 与主要的竞争对手相比，公司开发的新产品或服务多很多。

☐很同意　☐同意　☐一般　☐不同意　☐很不同意

45. 员工对公司有强烈的归属感。

☐很同意　☐同意　☐一般　☐不同意　☐很不同意

46. 员工留在公司，会享有很好的待遇。

☐很同意　☐同意　☐一般　☐不同意　☐很不同意

47. 员工认为对公司忠诚非常重要，因此，感到有为公司服务的责任。

☐很同意　☐同意　☐一般　☐不同意　☐很不同意

48. 成功创业深刻影响本校的创业氛围。

☐很同意　☐同意　☐一般　☐不同意　☐很不同意

49. 创业成功有助于吸纳更多人才留在本地。

☐很同意　☐同意　☐一般　☐不同意　☐很不同意

50. 在你的学校，有相当多创办新公司的好机会。

☐很同意　☐同意　☐一般　☐不同意　☐很不同意

51. 在你的学校，较多的人能够把握创办新公司的好机会。

☐很同意　☐同意　☐一般　☐不同意　☐很不同意

52. 在你的学校，创办公司的好机会在过去5年内大量增长。

☐很同意　☐同意　☐一般　☐不同意　☐很不同意

53. 在你的学校，个人可以很容易把握创业机会。

☐很同意　☐同意　☐一般　☐不同意　☐很不同意

54. 在你的学校，创办真正高成长公司的好机会相当多。

☐很同意　☐同意　☐一般　☐不同意　☐很不同意

55. 在你的学校，许多人知道如何创办及管理高成长型公司。

☐很同意　☐同意　☐一般　☐不同意　☐很不同意

56. 在你的学校，许多人知道如何创办及管理一家小公司。

☐很同意　☐同意　☐一般　☐不同意　☐很不同意

57. 在你的学校，许多人有创办新公司的经验。

□很同意　□同意　□一般　□不同意　□很不同意

58. 在你的学校，许多人对创办新公司的好机会迅速作出反应。

□很同意　□同意　□一般　□不同意　□很不同意

59. 在你的学校，许多人有能力组织创办新公司所需的资源。

□很同意　□同意　□一般　□不同意　□很不同意

60. 在你的学校，创业被视为一个致富的良好途径。

□很同意　□同意　□一般　□不同意　□很不同意

61. 在你的学校，大多数人将创业作为一项他们希望的职业加以选择。

□很同意　□同意　□一般　□不同意　□很不同意

62. 在你的学校，成功创业者享有较高的社会地位和受人尊重。

□很同意　□同意　□一般　□不同意　□很不同意

63. 在你的学校，你经常能在公众媒体中看见成功创业的故事。

□很同意　□同意　□一般　□不同意　□很不同意

64. 在你的学校，大多数人认为创业者是有能力和足智多谋的。

□很同意　□同意　□一般　□不同意　□很不同意

再次感谢你的参与！

大学生创业指数调查问卷B(教师卷)

老师您好！

为了使学校创业教育进一步系统化、科学化、规范化，促进学生创新创业能力的培养，特进行本次专项调查。本次调查不记名，仅为学术研究提供参考依据。感谢您的配合！

说明：按照所有教师数的5%进行抽样调查。

1.您所在学校类别。

□高职　　　　□专科　　　　□本科　　　　□研究生

2.您的性别。

□男　　　　□女

3.您的职务。

□专业课教师　□基础课教师　□行政人员　□其他

4.您的职称。

□高级　　　　□中级　　　　□初级　　　　□未定级

5.学校创业课程教材选用合适。

□很同意　　　□同意　　　□一般　　　□不同意　　　□很不同意

6.学校创业课程考核方式灵活，过程考核和结果考核相结合，考核结果能充分体现学生的学习成效。

□很同意　　　□同意　　　□一般　　　□不同意　　　□很不同意

7.学校创业课程教学设计合理、思路清晰。

□很同意　　　□同意　　　□一般　　　□不同意　　　□很不同意

8. 学校对创业学生及时予以表彰。

□很同意　　　□同意　　　□一般　　　□不同意　　　□很不同意

9. 学校对指导学生创业的教师及时予以表彰及给予较高的奖励。

□很同意　　　□同意　　　□一般　　　□不同意　　　□很不同意

10. 校创业教育课程体系完整。

□很同意　　　□同意　　　□一般　　　□不同意　　　□很不同意

11. 政府的再教育体系为创业做了充分的准备。

□很同意　　　□同意　　　□一般　　　□不同意　　　□很不同意

再次感谢您的参与！

大学生创业指数调查问卷C(普通学生卷)

同学你好！

为了使学校创业教育进一步系统化、科学化、规范化，促进学生创新创业能力的培养，特进行本次专项调查。本次调查不记名，仅为学术研究提供参考依据。感谢您的配合！

说明：按照普通学生数的2%进行抽样调查。

1. 你就读学校类别。

□高职　　□专科　□本科　□研究生

2. 你所在的年级。

□大一　　□大二　□大三　□大四或以上

3. 你的性别。

□男　　　□女

4. 你是否把创业作为比较理想的职业来选择。

□是　　　□否　□不确定

5. 你是否认为大学生创业成功者应享有一定的社会地位和威望。

□是　　　□否　□不确定

6. 你是否认为大学生创业指导教师运用现代教育技术、网络技术等教学手段情况较多。

□很同意　□同意　□一般　□不同意　□很不同意

7. 学校主讲创业教师的师德、教学能力、行业和企业工作经验、创业经验等情况良好。

□很同意　□同意　□一般　□不同意　□很不同意

8. 你对学校内部创业实训条件感到满意。

□很同意　□同意　□一般　□不同意　□很不同意

9. 你对校外创业实训条件感到满意。

□很同意　□同意　□一般　□不同意　□很不同意

10. 你在毕业5年内打算自主创业。

□很同意　□同意　□一般　□不同意　□很不同意

再次感谢你的参与！

大学生创业指数调查问卷D(学校卷)

老师您好！

为了使学校创业教育进一步系统化、科学化、规范化，促进学生创新创业能力的培养，特进行本次专项调查。本次调查不记名，仅为学术研究提供参考依据。感谢您的配合！

说明：所有题目需要由教务处、学生处、科研处、创业学院等部门分头完成。因各学校的事务划归部门稍有不同，因此，请根据本校的实际情况对题目进行分配，然后分别交给各个部门完成。具体方法：将本问卷复制几份，每个部门一份，各个部门只选择本部门的题目完成即可。

1. 学校在册在岗教师_____人。

2. 学校全日制在校学生_____人。

3. 学校现有创业学生_____人。

4. 学校创业教师参加各类与创业指导相关培训的有_____人，其中，校内创业专业教师参加指导师专业培训(18课时以上)的有_____人；校内创业专业教师到企业挂职学习(60课时以上)的有_____人。

5. 学校全年科研专利成果_____项，其中，已转化为大学生创业的_____项。

6. 学校全年研发的非专利技术及其他智力成果_____项，其中，已转化为大学生创业的_____项。

7. 学校全年将科技研发手段、途径、方法或科研设备转化为大学生创业的项目_____项。

8. 学校全年有关创业教育专项研究立项数中，校级项目_____个，地市级项目_____个，省部级项目_____个，国家级项目_____个。

9. 学校引进社会科研项目转化为大学生创业项目_____个。

10. 创业普及教育大学生_____人，创业提高班教育(培训)大学生_____人，创业精英教育(培训)大学生_____人。

11. 学校全年大学生所创项目带动学生就业_____人，其中，带动相同或相近专业创业学生就业_____人。

12. 学校指导创业机构_____个，其中，专职指导创业机构_____个；

13. 学校创业指导教师_____人，学校兼职创业指导教师_____人。

14. 在创业教师中，高级职称_____人，中级职称_____人。本科及以上_____人。与大学生专业相匹配的指导教师有_____人；有企业创业(或企业管理)经验的教师_____人；具备中高级专业技能的_____人。符合大学生创业中高级专业技术(技能)需要的教师_____人。具备双项专业技能的教师_____人。

15. 学校创业指导教师的智力成果转化项目_____个；获得合作的项目_____个。对接社会企业获取资金(基金)_____(元)；扶持初创团队_____个；辅导成功团队(持续6~42个月)_____个；辅导创业团队获取经济效益_____(元)；辅导创业团队为社会带动就业_____人。

16. 校外兼职创业指导教师_____人。

17. 学校专职创业管理人员_____人。

18. 学校的创业园区面积_____平方米；投入校园创业工作室硬件金额_____万元。校外其他可用的创业场地面积_____平方米，学校投入校外创业工作室设备金额达_____万元。

19. 大学生同社会企业合作项目_____个。 参与社会产业链活动的创业项目_____个。

20. 学校全年无偿投入的大学生创业资金(基金)_____万元；学校全年获得社会无偿投入的大学生创业资金(基金)_____万元；学校全年获得有偿资金(或基金)_____万元，其中投入大学生创业资金(基金)_____万元；学校全年创业者自身投入资金(基金)_____万元。

21. 学校全年投入创业指导经费_____万元。

22. 学校全年各类总宣传_____次。

23. 学校全年创业宣传_____次。

24. 学校现有支持大学生创业政策中已具体落实的有_____项。

25. 社会企业入驻创业园的有_____个。

26. 企业与学校合作订单式培养学生_____人。

27. 学校全年专业总课时_____节，创业总课时_____节，创业实践课时_____节，校外创业实践课时_____节，行业企业兼职教师承担课时_____节。

28. 校外实习基地_____个。参加校外基地实践的学生_____人。

29. 全年学生服务社会项目中，创业学生项目_____个。创业学生服务社会项目_____个。全年学生创业成果转化社会经济效益_____万元。

30. 学校创业教育普及班的年课时_____节。学校创业教育精英班的年课时_____节。

31. 学校全年毕业生总人数为_____人，其中，自主创业学生有_____人，参加创业教育人数占总人数的比例为_____%。

32. 用人单位对毕业一年的学生的满意度是_____%。

33. 学校生存型企业有_____家；生存型创业企业有_____人。

34. 学校机会型创业企业有_____家；机会型创业企业有_____人。学校上一年度机会型创业企业有_____家。

35. 学校上一年度创业企业有_____家，创业人数达_____人，创业企业产值_____万元。

36. 学校本年度新办小企业有_____家。

37. 学校大学生创业相关课程中，有关"创业商机"的独立教学模块课时数_____节。

38. 学校创业相关课程中，有关"创业模式创新"的独立教学模块课时数_____节。

39. 大学生利用所学的相同或相近专业创业的项目有_____个。

40. 生存型创业企业提供的就业岗位有_____个。

41. 生存型创业者中，硕士研究生以上有_____个；本科有_____个；高职、高专有_____个；高中、中专有_____个；初中以下有_____个。

42. 生存型创业者，24岁以下有_____个；25～29岁有_____个；30～34岁有_____个；35～39岁有_____个；40岁以上有_____个。

43. 生存型创业公司的成长年限，0～1年有_____个；2～3年有_____个；4年有_____个；5年有_____个；6年以上有_____个。

44. 综合型创业企业提供的就业岗位数有_____个。

45. 综合型创业者中，硕士研究生以上有_____个；本科有_____个；高职高专有_____个；高中、中专有_____个；初中以下有_____个。

46. 综合型创业者，24岁以下有_____个；25～29岁有_____个；30～34岁有_____个；35～39岁有_____个；40岁以上有_____个。

47. 综合型创业公司的成长年限，0～1年有_____个；2～3年有_____个；4年有_____个；5年有_____个；6年以上有_____个。

48. 机会型创业企业提供的就业岗位有_____个。

49. 机会型创业者中，硕士研究生以上有_____个；本科有_____个；高职高专有_____个；高中、中专有_____个；初中以下有_____个。

50. 机会型创业者，24岁以下有_____个；25～29岁有_____个；30～34岁有_____个；35～39岁有_____个；40岁以上有_____个。

51. 机会型创业公司的成长年限，0～1年有_____个；2～3年有_____个；4年有_____个；5年有_____个；6年以上有_____个。

52. 采集冶炼类创业企业有_____个；移动转移类创业企业有_____个；顾客服务类创业企业有_____个；商业服务类创业企业有_____个。

53. 学校创业普及教育培训的程度。

□参加了整体系统培训　　□参加过半系统培训

□参与主体内容培训　　□参与培训　　□培训不足

54. 创业学院培训的程度。

□参加了整体系统培训　　□参加过半系统培训

□参与主体内容培训　　□参与培训　　□培训不足

55. 社会创业专业机构培训的程度。

□参加了整体系统培训　　□参加过半系统培训

□参与主体内容培训　　□参与培训　　□培训不足

56. 学校是否建立对高成长性创业项目提供过融资支持的制度。

□是　□否　□不确定

57. 学校是否对高成长性创业项目提供过融资支持。

□是　□否　□不确定

58. 学校是否对高成长性创业项目配备指导教师。

□是　□否　□不确定

59. 近一年内，学校是否开设过知识产权方面的相关课程。

□是　□否　□不确定

60. 近一年内，学校是否举办过知识产权方面的相关讲座。

□是　□否　□不确定

61. 对申请知识产权的大学生项目学校有无专门的补助或奖励。

□是　□否　□不确定

62. 近一年内，学校是否开设过创业模式创新方面的相关课程。

□是　□否　□不确定

63. 近一年内，学校是否举办过创业模式创新方面的相关讲座。

□是　□否　□不确定

64. 创业园是否只考虑机会型创业项目入驻。

□是　□否　□不确定

65. 创业园是否对入驻的大学生创业项目进行定期业绩评定。

□是　□否　□不确定

66. 创业园是否建立了基于业绩的入驻大学生创业项目退园制度。

□是　□否　□不确定

67. 学校经常开展创业计划竞赛。

□很同意　□同意　□一般　□不同意　□很不同意

68. 学校经常开展创造发明活动。

□很同意　□同意　□一般　□不同意　□很不同意

69. 国家级政府扶持力度大。

□很同意　□同意　□一般　□不同意　□很不同意

70. 省级政府扶持力度强。

□很同意　□同意　□一般　□不同意　□很不同意

71. 市级政府扶持力度强。

□很同意　□同意　□一般　□不同意　□很不同意

72. 本校扶持力度强。

□很同意　□同意　□一般　□不同意　□很不同意

再次感谢您的参与！